結果を出す男はなぜ「服」にこだわるのか?

戸賀敬城

JN018888

集英社文庫

目次

01

第二章

スーツを「武器」に変える基本スタイル

02

第三章
「人間関係」を変えたいなら、まず服を変えろ
03

第四章

細かい「こだわり」ができないヤツに、いい仕事はできない

靴はコバまで磨け！

ネクタイの結び目の緩みは「甘え」の証拠

パンツの裾を見れば、何年はいているかわかる

パンツのシワは顔のシワと同じ

男の生足はマナー違反！

ベルトは「マナー」だと心得よ！

メガネは男の「看板」だと思え！

鞄には必要最低限のモノを入れよ！

コートは「軽さ」を重視せよ！

ブレスレットは最新の〝モテアイテム〟

化粧水で顔が五歳若返る！

04

第五章

服は男という資源への「投資」である

05

06

結果を出す男はなぜ「服」にこだわるのか？

「人はその制服の通りの人間になる」
ナポレオン・ボナパルト

はじめに

結果を出している人は、その他大勢の人と何が違うのでしょうか？

人間力？　ビジネススキル？　生まれつきの頭のよさ？　リーダーシップ？

残念ながら、これらはすべて目に見えません。

結果を出す人は、「目に見えるもの」を大切にします。


仕事の結果は、出会って十五秒で決まります。

相手があなたを「すごい！」「ダメだ」と評価するときには、あなたの見た目しか、判断材料がありません。

つまり、あなたは今着ている服で、値踏みされているのです。

でも、安心してください。仕事で着る服は、センスがモノをいう「ファッション」ではなく、誰でも身につけられる「ビジネススキル」です。そして変えたその瞬間から、結果を出すことができます。

服を変えれば、あなたの人生が変わります。

あなたは、どちらの人から商品を買いたいでしょうか。あるいは、どちらの人と一緒に仕事をしたいでしょうか。

ひとりは、くたびれたシャツにダボダボのスーツ。汚れが目立ち、かかとがすり減った靴。荷物がパンパンに詰まった黒のナイロンバッグ……。ひと言でいうと、見た目が残念なビジネスパーソン。

もうひとりは、ビシッと着こなした清潔感のあるシャツとスーツ。ピカピカに磨かれた靴。高級感のある革の鞄《かばん》。見た目が好印象に映るビジネスパーソン。

答えはあきらかですね。同じ商品であれば、後者のような好印象の人から買いたいと思うのが当然の心理です。また、仕事の能力やスキルが同程度であれば、やはり後者の人と一緒に仕事をしたいと思うのではないでしょうか。

最初にはっきり言っておきます。

仕事の成果は着ている服で決まります。

どんなに仕事の能力が高く、すぐれたスキルをもっていても、第一印象で相手に悪いイメージを与えれば、その能力は発揮されません。

私は大学卒業後、「モノ＆ファッション」を扱う男性誌『Begin《ビギン》』（世界文化社）の編集部に配属されたのを皮切りに、『MEN'S EX《メンズイーエックス》』（世界文化社）、『UOMO《ウオモ》』（集英社）など、一貫してファッション誌の編集を生業《なりわい》にしてきました。二〇〇七年からは、『MEN'S CLUB《メンズクラブ》』（ハースト婦人画報社）という男性ファッション誌の編集長を務め、就任から同誌の改革に取り組み、七年目には売上を倍増。オンラインの強化、ＳＮＳ対策、読者イベントを新たな収益モデルとして、右肩上がりの成長を実現することができました。この雑誌不況時代に『エスクァイアＢＢＢ（The Big Black Book）』（ハースト婦人画報社）の創刊も成功させました。

服は流行を追いかけるよりも、似合わなければ意味がないと思います。私が編集長に在任中の『MEN'S CLUB』は、「日本の男が本当に使えるファッション誌」をコンセプトとしていました。

トレンドの中心である欧米のファッション文化を楽しむことは否定しませんが、欧米人と日本人では体型もライフスタイルも違います。欧米のファッション文化をそのまま日本人に当てはめても、どうしても違和感が生まれてしまう。そんなスタイルは滑稽なコスプレオヤジにしか見えないのです。

だからこそ当時の『MEN'S CLUB』では、日本の常識、生活に合うアイテムを厳選して紹介することにこだわって編集することに苦心しました。

新型コロナウイルスの登場で世界経済も生活スタイルも大きく変わることでしょう。しかし、長年、ファッション誌の編集に携わってきた経験から断言できることがあります。

それは、「服の着こなしがきちんとしている人は仕事ができる」ということです。もっといえば、彼らは仕事だけでなく、プライベートも充実しています。

私は仕事柄、ファッションに対する感度が高い国内外のビジネスパーソンやエグゼクティブの方々とお会いする機会がありますが、彼らはほぼ例外なく仕事ができる人で、「一緒に仕事がしたい」と思わせる魅力をもっています。

ただし、ここで勘違いしていただきたくないのは、**彼らは最新のファッションを追い求めている「ファッショニスタ」（ファッションオタク）ではない**ということです。

本当に仕事ができる人は、ビジネスシーンにふさわしい服を着こなし、初対面で相手に「信頼できる」「魅力的だ」という第一印象を与えています。

「服を仕事の武器にしている人」と言い換えてもいいかもしれません。

その一方で、服を武器にできていないビジネスパーソンが多いのも事実。私の感覚では、**ビジネスパーソンの七割が服で損をしています。**

私は服で損をしている人を見ると、「少しだけ見た目に気を遣えば、この人はもっと仕事で成果を出せるのに……もったいない！」と思うことがしばしばあります。

余計なおせっかいかもしれませんが、男が本当に使えるファッションを提案している私の立場からいえば、「ビジネスの現場で活躍するカッコイイ日本人男性がもっと増えてほしい」と思っています。テレワークにおいても、パソコンに映るあなたには、家にいながらにしてスマートさを感じさせてほしいと思うのです。

だからといって、決して服の流行に敏感になる必要はありません。ただ、相手に好印象を与えるような服を着るだけで、まわりの人に大きく差をつけることができます。

せっかく仕事の能力やスキルは高いのに、着ている服でマイナス評価をされてしまったらもったいない……。

だからこそ、本書では、「毎日スーツを着なければならないから、なんとなく着ている」ような人でも、服を武器に変えられる秘訣《ひけつ》を紹介します。心がけひとつで見た目は大きく変わりますし、最初から大金をかけて服を買い揃《そろ》える必要もありません。気軽に実践できるコツばかりです。

それこそ、**白いシャツ一枚で仕事の成果は九割変わります。**体型にフィットした白いシャツは清潔感や誠実さといったイメージにつながり、相手の信用を獲得する武器になります。

最初に断っておきますと、本書は「ファッションの本」ではなく、「ビジネス書」です。服が好きな人や普段からファッション誌やオンラインサイトなどを楽しんでいる方にとっては、当たり前の内容すぎて物足りないかもしれません。「ファッションに興味がない人にこそ読んでいただきたい」との思いから、あえてファッションのイロハから解説しています。

ただし、「服を武器に仕事の成果を出す」という観点では、服が好きな人にとっても、たくさんの発見があると自負しています。

今まで着る服に関心がなかった人ほど、本書を読んで実践すれば、あなたを見るまわりの目はガラッと変わり、ビジネスの成果につながります。しかも、本書で紹介する内容は、ほとんどのビジネスパーソンができていないことなので、ライバルにも大きな差をつけることができます。

本書の内容を実践して、ぜひその大きな変化を実感してみてください。

戸賀敬城

01

あなたはその「服」で値踏みされている

仕事の結果は服で決まる！

NG
見た目は二の次にして、内容で勝負する

仕事ができるかどうかの評価は、ビジネスの知識や経験、スキルなど総合的な能力により下されるものです。仕事の能力がなければ結果は出ません。これは大前提です。

でも、仕事の能力が同じだったらどうでしょう。同じくらいのスピードで、同じくらいのクオリティの資料を仕上げる二人がいたら、評価する側は、「パッと見て」印象がいいほうを選びます。この時間は、たった十五秒です。

それゆえに、仕事の能力が高いにもかかわらず、見た目がいまいちで損をしている人がたくさんいます。

見た目が足かせとなっているケースです。

たとえば、お客様へのプレゼンテーションの場面。シワの入ったヨレヨレのスーツをだらしなく着ている人が、プレゼンを始めたとします。よく見ると、いかにも安物の靴は汚れているし、センスの悪い柄物のネクタイは曲がっている。

この人がプレゼンした企画の内容がどれだけすぐれていても、プレゼンが始まる前の段階で、「たいした企画ではなさそうだな」「彼とは一緒に仕事はしたくないな」などと思われる可能性があります。

つまり、企画の内容に関係なく、マイナスからスタートすることになるのです。

▼第一印象がよいほうが成果に直結する

このようにいうと、「仕事は見た目だけではない。内容で勝負すればいい」と反論する方もいるかもしれません。

その通り。仕事は見た目がすべてではありません。内容がすぐれていたり、コミュニケーション力があったりすれば、見た目のハンデを挽回《ばんかい》できるかもしれません。

しかし、ビジネスにおいて、スピードは命です。四回、五回と会ってから「企画の内容がすぐれているから、この人と仕事がしたい」と思われるよりも、初対面から「この人と仕事がしたい」と思われるほうが、ビジネスにおいて成果を得やすいのは事実です。

そもそも、お客様に何度も会ってもらえるとはかぎりません。ビジネスにスピードが求められる時代では、「チャンスは一回きり」というケースも少なくないのです。せっかく企画の内容がよくても、宝の持ち腐れになってしまいます。

現実的なことをいえば、「実際に仕事ができる人かどうか」は、初対面では判断しきれないケースがほとんどです。

だからこそ、人は見た目から最大限の情報を得ようとします。初対面の十五秒で、相手はあなたの仕事の力量を見極めようとするといっても過言ではありません。

身だしなみを整えて、第一印象をよくすることは重要なのです。

イケメン、オシャレになる必要は一ミリもない

NG
「オシャレに着飾ればいい」と考える

「服を意識する」といっても、イケメンでオシャレに変身する必要はありません。

私は仕事柄、海外に出張することが多いのですが、滞在先のホテルで出会う欧米の優秀なエグゼクティブの多くは、早朝からジムで汗を流し、七～八時にはパリッとしたスーツに身を包み、ブレックファストミーティングをしています。

スーツやジャケットの選び方も一流ですが、彼らが何よりも意識しているのは、「仕事ができる人のオーラを出すこと」です。

第一印象が仕事の成果につながると、理解しているからです。

だからこそ、彼らはジムで体を鍛えて健康的なルックスを維持するほか、ネイル（爪）の手入れまでしています。見た目を磨く努力を怠りません。

ただし、ここで重要なのは、彼らがオシャレで、イケメンとはかぎらないとい

うこと。頭髪が薄い人もいれば、背の低い人もいる。流行に敏感ともかぎりません。

「仕事ができそうかどうか」を基準に、見た目を磨くことが大切です。

服は、自分のためではなく「相手のため」に着ろ!

NG 自分がカッコイイと思う服を着る

普段着はともかく、仕事着はオシャレをするためのものではありません。あくまでも「ビジネスツール」のひとつです。仕事で結果を出すための武器といってもいいでしょう。

だから、「自分が好きな服を着ればいい」というわけではない。相手が好印象を抱いてくれる服を着ることが大切です。カッコよく見せることが目的ではありません。

仕事で着る服は、「他人のために着るもの」といっても過言ではありません。

たとえば、銀行など堅い業界のお客様が相手なら、相手にふさわしい堅い格好を心がける。自分が会社の経営者なら、貫禄が出る高級スーツを着るようにする。ファッション誌の編集長の場合なら、誰でも着ているような退屈な服を身につけていたら、信用問題にかかわります。彼らに求められているイメージは、トレンドに敏感なファッショナブルな編集者だからです。

このように相手に合わせて、期待されている服を選びましょう。

「明朗快活です」と自分で言うな。服に語らせろ！

NG
「語る言葉」と「身につけているもの」がズレている

服は、あなたの人柄や意思を雄弁に語ります。だから、言葉に出さなくても、着ている服で「どんな人か」が相手には伝わります。

大学卒業後、出版社に入社した私は、男性向け月刊誌『Begin』の編集部に配属されました。その出版社の採用面接では、ほかの就活生と同様、リクルートスーツを着て行ったのですが、当時からファッションに興味があった私は、単なる紺のスーツでは服に対する情熱をアピールできないと思い、奮発して全身アルマーニをまとい、小物にもこだわりました。

私が採用面接を受けたときの『Begin』の編集長は、その後、『LEON《レオン》』の編集長となり、「ちょいワルおやじ」ブームの火付け役として有名になった岸田一郎さん。岸田さんは私を見るなり、身を乗り出してネクタイをつかみ、「おっ、アルマーニか。いいネクタイをつけているじゃないか」と褒めてくれました。「こいつはファッションに興味があるに違いない。自分たちの身内だ」と編集長に認めてもらえたからこそ、採用されたのだと思います。

このとき、「私はファッションに興味があります！」と言いながらも、ほかの就活生と同じステレオタイプのリクルートスタイルだったら、おそらく採用されていなかったでしょう。

▼「一緒に働きたい」と思う人を採用する

あのとき、私は「ファッション誌をつくりたい」という意思を服で語ったからこそ、すぐにそれが編集長に伝わりました。

その後、私も編集長となり、採用する立場になりましたが、ファッション誌の編集という仕事柄、やはりリクルートスーツを着ていても、「ファッションが好き」という意思をどれだけ服や小物で語っているかを、採用基準のひとつにしていました。

どこにでもいる退屈な身なりをしている人よりも、「一緒に働きたい」と思わせてくれるような着こなしができている人を採用したくなります。たとえ優秀な大学を出ていても、見た目でそう思わせてくれなければ、残念ながら「ご縁がなかった」と考えてしまうのです。

これは、ほかの業界の面接でも同じです。

面接官は、短い面接時間で、その人の採否を判断しなければなりません。正直いって、本当に仕事ができるかどうかは、実際に現場で働いてみるまでわかりませんから、見た目や第一印象に頼ることになります。

だからこそ、身につけている服や小物でのアピールは重要です。

「私は明朗快活です」といくら熱く語っても、ヨレヨレのスーツをだらしなく着ていれば、「本当だろうか？」「口先だけに違いない」と思われる可能性があります。

一方、清潔感のあるスーツをパリッと着こなしていれば、黙っていても「明朗快活そうだ」というイメージをもってもらえます。そのくらい服は、「どんな人か」を語る力をもっているのです。

「長い企画書」と「特徴のない服」は無視される

NG
「みんなと同じでいいや」と服を妥協する

ある企業の広報担当者との打ち合わせでの出来事。最初の打ち合わせのとき、先方は男性社員三人でやってきました。

そのうちAさんは、トレンドのスーツをビシッと着こなしていて、鞄や靴も高級感があります。いかにも「できる広報担当者」という印象でした。

次にBさんは、Aさんほどではないですが、それなりにスーツを着こなしていて、好印象を受けました。普通に街を歩いていれば、「できる人」という感じでしょう。

ところが、Cさんは先の二人と比べて、とてつもなく印象が薄かった。清潔感のあるスーツ姿だったのですが、いかにも「ザ・サラリーマン」といったいでたちで、どこか野暮ったく思われました。

もちろん、職種によっては、Cさんのような見た目でも、十分に好印象を与えるかもしれません。しかし、企業をPRする広報担当者としては地味だったのです。

正直にいうと、三人と名刺交換をしたとき、私は「Cさんとは関係を深めなくてもいいだろう」と無意識のうちに判断していました。

名刺の肩書からいえば、三人の中では二番手の立場でしたが、「Aさん、Bさんは仕事ができそうで、魅力的な印象だから、この二人とつながっておけば仕事はうまくいく」と思ったのです。もっといえば、「Cさんは、広報担当として仕事で成果を上げていないだろうから、いずれほかの部署に異動になるかも」とまで考えてしまいました。

▼服だけは「個人」で決められるビジネスツール

Cさんの見た目をひと言で表現すれば、「どこにでもいる、服に気を遣っていないサラリーマン」というイメージでした。「どこにでもいる」と思われてしまったら、お客様から「あなたと仕事がしたい」「あなたから買いたい」と指名されることはありません。

お客様の立場になれば、魅力的に映る人を指名したいと思うものです。

たとえば、同じ商品を一千万円で売る営業マンと、一千五十万円で売る営業マンがいたとします。

一千万円の営業マンがいかにも「どこにでもいる」営業マンで、一千五十万円の営業マンが、仕立てのよいスーツを着こなし、ファッショナブルな腕時計や鞄をもっていたら、私なら少々高くても、一千五十万円の営業マンから買うことを検討すると思います（もちろん、一千万円にならないか値切りますが……）。

特徴のない服は、長く、読みづらい企画書と同じ。文字だらけで、読みづらそうな企画書は目を通すのも億劫《おっくう》ですよね。無視したくなります。しかし、図やイラストを用いて、ビジュアル的に読みやすい工夫をしてある企画書であれば、「読んでみようかな」と思う。服から個性がにじみ出ている人に対しても、「もっと付き合ってみたい」と感じられるものです。

仕事の内容や配属などは会社によって決められますが、服だけは、「個人」が決められます。だからこそ、ライバルとの差別化ポイントになるのです。

「局アナ」の着こなしを見習え！

NG インパクトが強すぎる服を身につける

「どこにでもいるサラリーマンになるな」といっても、個性的で奇抜なファッションをすればいいというわけではありません。

チェック柄のスーツを着たり、デザインが特徴的な時計を身につけたりしても、職業やビジネスシーン、人柄に合っていないと浮いてしまいます。〝イタイ〟だけです。

何事もそうですが、服もバランスが大切です。

自分の個性よりも前面に出ない服を選ぶのが原則です。あくまでも主役は、服を着こなす本人。身の丈に合ったものを選ぶ必要があります。

イメージとしては、テレビ局のアナウンサーの着こなしが参考になります。彼らのスーツ姿は、悲しいニュースを読むシーンでも、バラエティー番組の司会をこなすシーンでも、視聴者に好印象だけを残します。

「○○アナは、いつもストライプのスーツを着ている」「△△アナは、いつもネクタイが赤色だ」といった服の個性が前面に主張されることはありません。

服を変えると、肩書も変わる!

NG 肩書やポスト以下の服を着る

『MEN'S CLUB』編集長として、スイスで開催された世界最大の時計見本市に取材で出かけたとき、ちょっとしたトラブルに見舞われました。

現地の空港でロスト・バゲージ（航空会社に預けたスーツケースなどが紛失すること）に遭ってしまったのです。

翌日もスーツケースは戻ってこない……。

見本市にはスーツを着て行く予定だったのですが、スーツも荷物の中に入っていたので、しかたなく、そのとき着ていたレザーのブルゾンとスウェットパンツで参加しました。

取材のメンバーは、編集長の私と、編集部の腕時計担当、そしてカメラマン。それぞれの取材先で名刺交換をするのですが、見事なくらい私は相手に無視されました。

本来なら、編集長である私が真っ先に名刺交換をするべきなのですが、相手はまず、腕時計担当者に名刺を差し出したのです。彼は十歳くらい下ですが、体に合ったスーツを着ていたので、相手は編集長だと判断したのでしょう。

二番目に名刺を差し出されたのはカメラマン。なんと、私はカメラマンのアシスタントだと思われてしまったのです。

そのとき着ていたレザーのブルゾンとパンツは高級ブランド品で、三十万円以上するものでした。

しかし、TPOを間違えれば、そんなことは関係ありません。スーツという「武器」をもっていなかった私は、ビジネスの相手として扱ってもらえなかったのです。

▼Tシャツを着た社員が急に部長に抜擢されることはない

ビジネスでは、着ているものでその人のグレードが決まります。

たとえば、会社の社長が安物でヨレヨレのスーツを着ていたら、初対面の人には社長と認識してもらえません。社長の隣に高級スーツをビシッと着こなした課長がいたら、そちらを社長と判断するでしょう。

社長は、会社でいちばんいい服を着ていないとなめられてしまうのです。

ビジネスの世界で評価され、出世したければ、肩書にふさわしい服を着なければなりません。

いくらビジネスでは実力や実績がモノをいうといっても、Tシャツとデニムで仕事をしている平社員が、すぐに部長に抜擢《ばってき》されることはありません。部長にふさわしい格好をしている人が順番に出世していくのが常であり、そのような人を評価するのが組織です。着ている服が次のステージをつくってくれます。

今のグレードやポストにふさわしくない安物やラフな服は着てはいけません。次に狙うべきポストに似合う服を身にまとうようにしましょう。

靴の汚れは「重要書類のミス」と同じ

NG
靴を磨くのは一カ月に一度

「靴を見れば、その人のことがわかる」といわれます。靴には、社会的地位や人柄、特徴があらわれるというわけです。

これは仕事についても同様です。

私の経験上、ピカピカに手入れされた靴を履いている人は、仕事も丁寧で信頼できます。仕事ができるエグゼクティブで、靴が汚い人はいません。

一方、靴が汚れている人は、仕事が雑で信用が置けません。つま先が傷んでいたり、靴底やかかとがすり減っていたりするケースも同じ。

ビジネスシューズは、四六時中ともに過ごす仕事の〝相棒〟です。特に、営業マンにとっては、大事なビジネスツールです。

その大事な〝相棒〟が汚れていたり、傷んでいたりするのは、お客様や上司に提出する重要書類でミスしているも同然。

ビジネスの成果を直接左右する重要書類は、ミスがないように丁寧に作成しますよね。ミスを連発したら、「仕事が雑」「その仕事を軽く扱っている」といった評価につながってしまうからです。

重要書類がそうであるように、靴にもその人の仕事に対する姿勢があらわれてしまいます。重要書類でミスすると一気に信頼を失うように、靴が汚れていたら一瞬で相手の信頼を失います。

靴の汚れや傷みは、本人が思っている以上に、まわりの人の目につくもの。特にエグゼクティブや女性は、靴までチェックしています。「靴の汚れは重要書類のミスと同じ」と心得て、普段から靴をメンテナンスする必要があるのです。

▼一度汚れると、どんどんボロボロになっていく

仕事ができる人は、重要書類と同じように、靴を大事に扱っています。具体的には、毎日帰宅したら、靴墨で磨いて、ピカピカの状態を保つようにしているのです。

「靴墨で磨くなんて面倒だ」と思う人もいるでしょう。でも、靴墨で両足の靴を磨いても、せいぜい三十秒、長くても一分くらいしかかかりません。

いくら忙しい人でも、そのくらいの時間はありますよね。

毎日のたった三十秒がビジネスの成果を左右するのであれば、実践しないという選択肢はありません。

毎日、キレイな状態を維持することが重要です。たとえば、車を繁華街の路上に放置しておくと、一週間後にはボディーの上に空き缶が置かれます。一カ月後には落書きされ、三カ月後にはガラスが割られます。一度汚れたものは、放置しておくと、どんどん汚さの度合いが増していくものです。

靴も一度汚れ始めると、みるみるうちにボロボロになっていきます。だからこそ、毎日ピカピカに磨くことが大切です。

腕時計はあなたの「価値」をあらわしている

NG
「時間は携帯電話で見れば十分」といって腕時計をしない

最近は、「時間は携帯電話で確認すれば十分だ」といって、腕時計をしていない人が増えています。

しかし、誤解を恐れずにいえば、腕時計をしないで仕事に行くのは、安物のフリースを着て大事な商談に臨むようなもの。あまりに無防備です。

腕時計は、単に時間を知るためのツールではありません。その腕時計をしている人のビジネスパーソンとしての「価値」をあらわすものです。

腕時計を見れば、「自分にどれだけの投資をしているか」「どれだけ自分磨きをしているか」が一目瞭然です。端的にいえば、「どれだけ稼ぐ人なのか」がわかる。

また、腕時計から人となりも垣間《かいま》見ることができます。「何をよしとするか」という価値観が見えてくるのです。たとえば、グランドセイコーのような実用的な腕時計をつけていれば、実直さや緻密さなどをイメージさせますし、デザインが個性的な腕時計をつけていれば、独創性などを想像させます。

だから、仕事ができるエグゼクティブほど、腕時計にこだわり、自分の肩書や身分にふさわしいものを身につけています。

とはいえ、「腕時計の価値がわかる人なんて少数派ではないか。せっかくいい時計をしていても、気づかれなければ意味がない」と思う人もいるかもしれません。

しかし、仕事のキーパーソンとなるようなエグゼクティブほど、腕時計に対する知識がありますし、相手の腕時計をよく見ています。極端なことをいえば、名刺交換をするときにのぞく相手の腕時計から「仕事ができるかどうか」をチェックしています。

「安いから」「時間がわかればいい」という理由で腕時計を選んではいけません。

だからといって、無理して高級腕時計を買う必要はありません。肩書やスーツはそれほどでもないのに、百万円もするような高級腕時計をつけていたら、時計オタクだと思われるか、身分不相応だと判断されるだけです。自分の肩書や年収に見合った腕時計を身につけるようにしましょう。

02

スーツを「武器」に変える
基本スタイル

「年相応」に見せるな、服を変えて五歳若返れ！

NG
年相応に見えることで満足している人

堺正章さん↓七十四歳
高田純次さん↓七十三歳
石田純一さん↓六十六歳
谷原章介さん↓四十八歳

「えっ！　もうそんな年齢なの!?」と思われたかもしれません。タレントや俳優さんの中には、実年齢よりも若く見える方がたくさんいます。もちろん、生まれもったルックスのよさや日々の肉体に対するケアが、若々しく見せている面はあると思います。

しかし、その若いイメージには、着ている服も大きく影響していると私は考えています。ファッション誌に長年携わってきた私の目から見れば、先に挙げたみなさんは、若々しく見せるような服を着こなしています。

ビジネスにおいて若々しく見えることは、清潔感やフレッシュさを想起させますし、もっといえば、その人のもっているエネルギーの強さやオーラを醸し出します。

逆に、実年齢よりも老けて見えたら、メリットはほとんどありません。

職種や業界によっては、若く見えるのはよくないケースもあるかもしれませんが、基本的には、「くたびれている」「覇気がない」「エネルギーが弱い」というイメージにつながります。このような人と一緒に仕事をしたいとは思いませんよね。

▼十歳も若く見えるのは痛々しいだけ

ビジネスで成果を出したいなら、実年齢より五歳若く見られるように努力をしましょう。

「私は老け顔だから」「実際にもういい年齢だから」と思う方もいるかもしれませんが、あきらめる必要はありません。

服を変えれば、どんな人でも実年齢より五歳若く見せることが可能です。あとでくわしく述べますが、サイジングとトレンドを少し意識するだけでも、あなたのイメージは一変します。

反対に、服を変えないと、実年齢より五歳上に見られる可能性もあります。どんな服を着るかによって、印象面で十歳もの差が生まれてしまうのです。

ただし、あまりに若く見えるのも逆効果。たとえば、テレビや雑誌でよく「美魔女」と呼ばれる人が登場しますが、彼女たちに対して「痛々しい」という印象を受けるのは、私だけではないと思います。実年齢より十歳も十五歳も若く見えたら、「イタイ」「チャラい」というイメージになって信用されません。

もし「十歳は若く見えますね」と相手に言われたら、「バカにされている」「軽く見られている」ととらえたほうがいいでしょう。

私は、二〇二〇年で五十三歳になりますが、「四十代後半に見えますね」と言われるのがいちばんうれしい。狙い通りだからです。

普段、「若く見えますね」と言われない人は、服から変えてみましょう。服を改善するだけで、あなたを見るまわりの目は変わりますし、必ずビジネスの成果にもつながってくるはずです。

仕事の服はサイジングに始まり、サイジングで終わる

NG
スーツのジャケットでお尻全体が隠れている

服で損をしているビジネスパーソンが最も犯しがちなのは、「サイズが合っていない」というミスです。

「服はサイジングに始まり、サイジングで終わる」といってもいいほどに、サイズは重要です。逆にいえば、サイジングさえ完璧であれば、高級スーツを買わな

くても、あなたが着ているスーツの印象は大きく変わります。サイジングの失敗でよく見られるのは、大きめのサイズを着てしまうケースです。

たしかに、スーツはゆったりとしたサイズのほうが動きやすい、と思いがち。また、年齢とともに腹が出てきても、スーツのサイズが大きければ、それを隠せるかもしれません。

しかし、自分の体型よりも大きめのサイズのスーツを着ると、肩がブカブカになり、ジャケットの丈も長くなります。ジャケットのサイズを大きくすれば、必然的にパンツのサイズも大きくなります。

このように大きいサイズのスーツを選ぶと、全体的に野暮ったく、だらしのないビジュアルになり、相手にひ弱な印象を与えてしまうのです。

▼シャツの袖が見えないのはNG

体型にぴったりサイズのスーツを着れば、それだけでも強く見えて、欧米のエグゼクティブのように「できる人」のオーラを醸し出すことができます。

できる人の見た目は「サイジング」で決まる

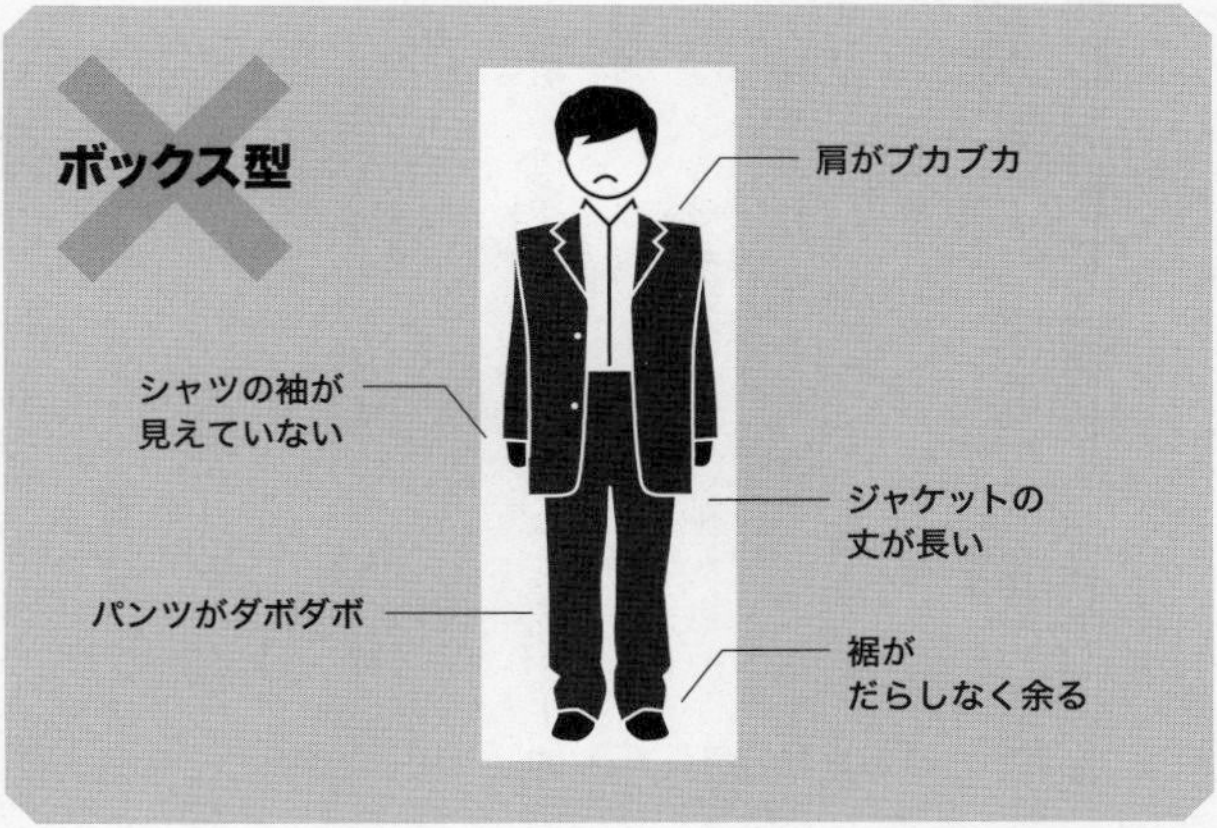

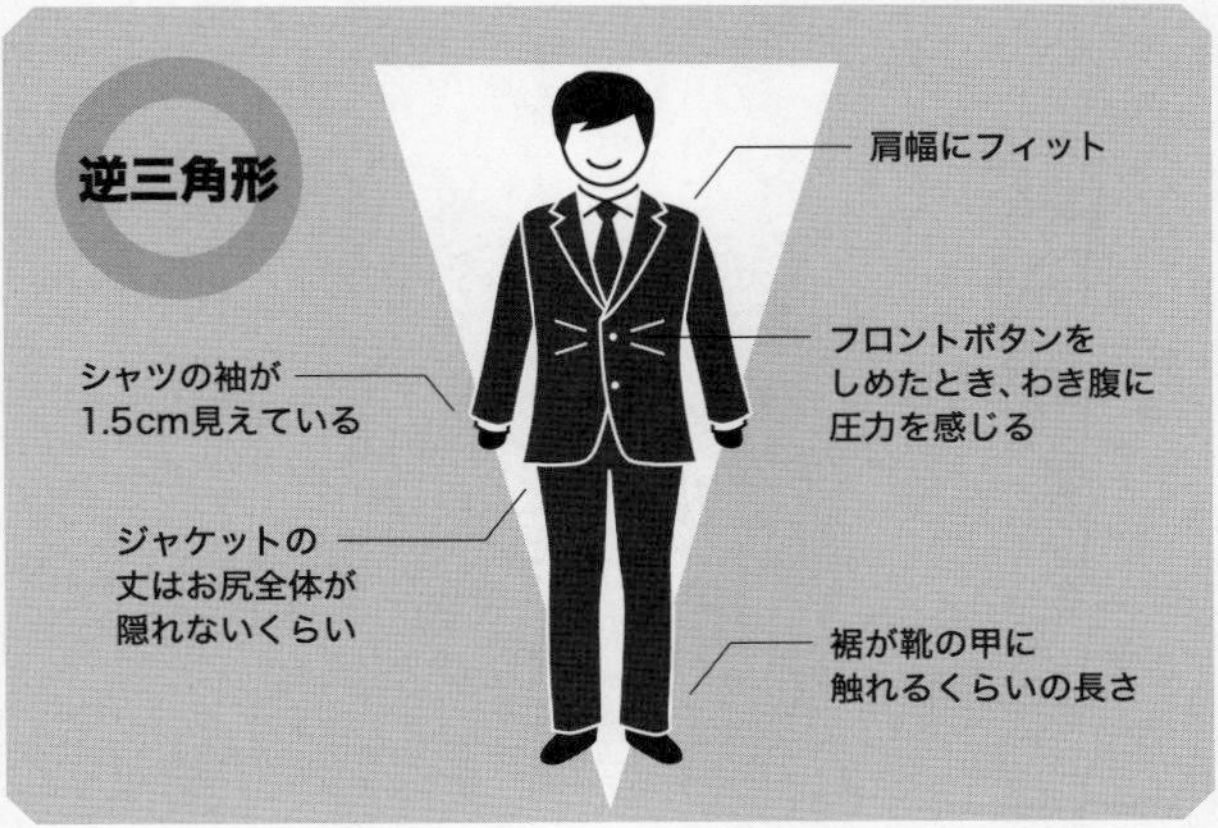

スーツのジャケットは、肩幅にフィットしたサイズを選びます。丈が長いのもNG。目安としては、お尻の割れ目からお尻の穴までの間に収まるくらいの長さが理想です。

身幅はジャケットのフロントボタン（三つボタンなら中ひとつ掛け、二つボタンなら上のボタン）を閉じたときに、少しだけわき腹あたりに圧力を感じるくらい（ほんの少しならボタンを中心とした×字のシワも許容範囲）だとカッコよく見えます。

また、シャツがスーツの袖から一・五㎝くらい出ているのも大切なポイント。日本人の多くは、サイズが合っていないのでシャツがスーツの袖に隠れています。

自分に合った服「七割」、トレンド「三割」

NG
昔の流行服をいつまでも着ている

五歳若く見える着こなしをするには、サイジングに気を遣って、自分の体型に合った服を選ぶことが大切です。これだけでも若々しいイメージになりますが、そこに少しトレンドを取り入れれば完璧です。

自分に合った服「七割」、トレンド「三割」を意識することで、確実にあなたの印象は変わります。

トレンドといっても、むずかしく考える必要はありません。私の立場からいえば、ファッション誌を読んで昨今の流行を少しでも勉強してもらえるのが理想ですが、面倒であれば、お店へ行って店員さんに聞いてしまってもいいでしょう。

やってはいけないのは、「紺ブレが流行《はや》っているから」といって、何年も前に着ていた紺ブレをクローゼットから引っ張り出してくること。

スーツやジャケットにもトレンドがあります。ラペル（上襟に続く身頃の折り返し部分）の幅やパンツの裾の長さにも流行があるので、昔の服を着るとあか抜けない印象になり、ダサく見えます。

NG ファッション誌のトレンドをそのまま真似する

トレンドを鵜呑みにするな！

トレンドを意識することは大切ですが、流行を鵜呑《うの》みにするのも問題です。ファッショントレンドのほとんどは海外発。基本的には欧米人の体型を基準にしています。だから、日本人がそのまま海外発のトレンドを取り入れてしまうと、目も当てられないような〝イタイ〟着こなしになってしまいます。

そのため、私は『MEN'S CLUB』では日本人の体型やビジネスシーンに合う服を大事にしていました。

以前、夏のミラノでは、ひざ上十五～二十㎝の短パンがトレンドでした。しかし、身長が低く足の短い日本人がこのままはくと、まるでトランクスをはいているようでカッコ悪い。だから、日本人にはひざ上十㎝程度までがベスト。

また、「流行っている」という理由で文字盤の大きなデザインの腕時計を買ってしまう人もいますが、シャツの袖ボタンを閉められないので、スーツには似合いません。

トレンドについては、店員さんに直接相談しながら取り入れるのが無難です。

NG
全体がボックス型のシルエットになっている

「仕事ができる」と思わせる逆三角形

太古の昔から変わらない「一流の男」の原則があります。それは、「逆三角形の体型が男らしく見える」ということです。

今でこそ女性も外でバリバリ働いていますが、縄文時代から近世まで「男は外で働き、女が家を守る」という男女の役割分担が存在していました。外でよく働く男ほど筋骨隆々で、いわゆる逆三角形の体型をしていたのです。

現代は肉体労働をしなくても男はお金を稼げる時代になりましたが、長年の人類の歴史の中で、「逆三角形の人ほど仕事ができる」というイメージが現代人の

ＤＮＡの中にも刻み込まれている、と私は考えています。
だから、私は理想的な体型を維持するために、ジムでの筋トレも欠かしません。

▼上半身は大きく、下半身は細く！

しかし、実際に筋トレをして逆三角形の体をつくるのは、簡単ではありません。「体を鍛えている時間などない」という忙しいビジネスパーソンも多いでしょう。そういう人におすすめしたいのが、服で逆三角形をつくる方法です。

実際に、仕事ができそうに見える人は、ファッションで逆三角形をつくり出しています。

つまり、上半身を大きく見せると同時に、下半身を細く見せているのです。

たとえば、男性アイドルの中には、身長があまり高くない人も多い。実際に会ってみると、「意外と身長が低い」と感じることがよくあります。それでも身長の低さを感じさせず、カッコよく見えるのは、逆三角形をうまくつくっているからです。

服で「逆三角形」をつくる

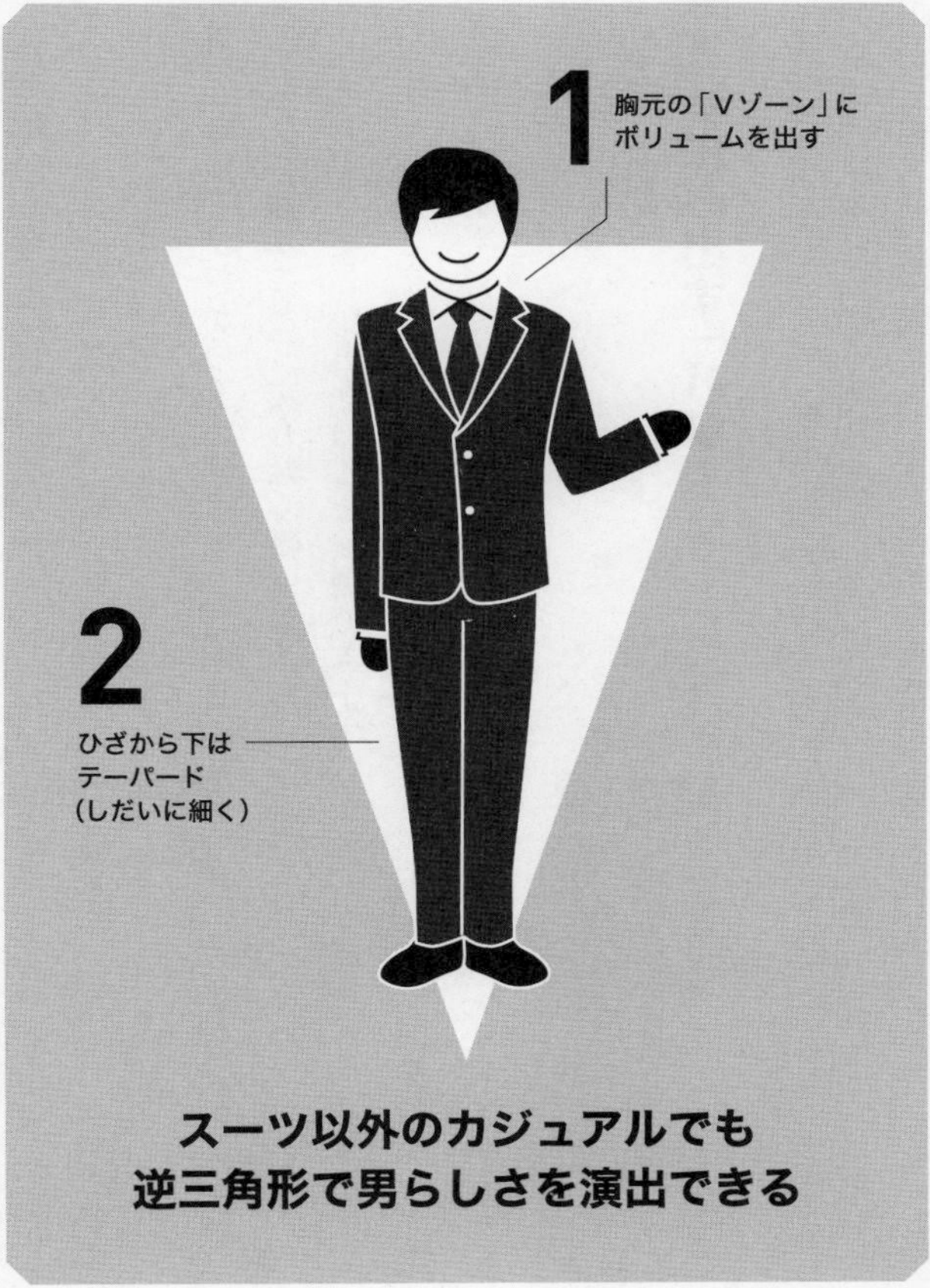
1
胸元の「Vゾーン」に
ボリュームを出す
2
ひざから下は
テーパード
（しだいに細く）

スーツ以外のカジュアルでも
逆三角形で男らしさを演出できる

服で逆三角形をつくるためのポイントは二つ。

ひとつは、シャツ、ネクタイ、スーツで構成される胸元の「Ｖゾーン」にボリュームを出すこと。

もうひとつは、ひざから下が軽くテーパード（先がしだいに細くなること）しているパンツを選ぶこと。丈も軽く靴に乗るくらいがいい。

これだけでも、美しい男性の体を強調できます。なお、カジュアルでも同じことがいえます。たとえば、上半身はダウンジャケット、下半身は細身のパンツを合わせれば、男らしさを演出できます。

Ｖゾーンは強さを生み出す「パワーゾーン」

NG
Vゾーンを活用せず、小さくする

シャツとネクタイがのぞく胸元の「Ｖゾーン」は、スーツスタイルの〝顔〟。真っ先に目に入り、印象を大きく左右する重要なポイントです。

「Vゾーン」で力強さを醸し出す

1
ネクタイは太く、
結び目は大きく
2
襟は大きめに
ラペルの幅を広く
3
タイバーで
ネクタイとシャツを挟み、
ネクタイを少し引き上げる

**Vゾーンを大きくすることで
男の力強さを印象づける**

だからこそ、Ｖゾーンを意識するだけでも、相手への好印象につながります。

ビジネスパーソンにとって、Ｖゾーンは力強さを生み出す「パワーゾーン」といっても過言ではありません。ビジネスシーンでは、「オシャレに見える」よりも「力強さを感じさせる」ことのほうが重要。いい意味での威圧感を与えるくらいのほうが効果的です。

力強いオーラが出るようなＶゾーンを心がけましょう。

▼Ｖゾーンを強化する「タイバー」

Ｖゾーンは、ネクタイの太さや色、結び目、シャツの襟や色、ラペルの幅などの組み合わせやバランスによって印象が変わってきますが、力強い逆三角形をつくるには、ボリュームを出すのが大原則。

Ｖゾーンの面積が広くなるようなジャケットにし、ラペルの幅が広いものを選ぶ。それに合わせて、襟が大きめのシャツ、太めのネクタイにします。

タイバー（ネクタイを挟む留め具）を活用するのも、Ｖゾーンにボリュームを出す簡単な小技のひとつ。ネクタイの大剣、小剣、シャツをタイバーで留めた状態で、ネクタイを一cmほど引き上げると、ネクタイが立体的になり、横から見るとVゾーンにボリュームが生まれます。それほど高度なテクニックではありませんが、確実にほかの人と差をつけられるので、試してみてください。

胸元に力強さを演出できれば、多少、声にハリがなくても、話し方がスムーズでなくても、カバーできるでしょう。

ただし、顔が小さい人はVゾーンを大きくとると、全体のバランスが悪くなるので要注意。Vゾーンは少し狭くし、ラペルの幅やネクタイもボリュームが出るものは避けたほうが無難です。襟やネクタイの結び目も小さくしましょう。

コンプレックスを堂々と出せ！

NG
太った腹を隠すために
ワンサイズ上の服を選ぶ

人はコンプレックスを隠したがります。その気持ちはよくわかります。私も社会人になってから食生活が乱れ、十キロほど太った経験があるからです。腹回りが目立たないような服を選んで着ていた時期もありました。

けれども、そのコンプレックスを隠そうとすればするほど、相手に与える印象は悪くなっていきます。

たとえば、髪の毛が薄い人が、それを隠そうとして残っている部分の髪の毛を伸ばし、挙句の果てにはバーコードのような髪型になってしまう。これでは、十歳以上、実年齢より老けて見られます。

反対に、髪が薄いことを隠さずに短く刈り込む人は、逆にカッコよく見えて、若々しささえ感じさせることもあります。


服にも同じことがいえます。隠したいコンプレックスは堂々と出してしまったほうがいいのです。

たとえば、腹回りが大きい人。何もケアをしないでいると、年齢を重ねるほどに腹は出てくるものです。多くの人は、それを隠そうとして、大きいサイズのスーツを買ってしまう。しかし、下半身のサイズに合わせてスーツを買うと、必然的にジャケットも大きいサイズになってしまって、ジャストフィットから大きく外れていきます。

こうして日本の中年男性の多くは、大きいサイズのスーツを着る羽目になってしまうのです。

一方、体が華奢《きゃしゃ》で細い人も、大きいサイズのスーツを選択しがちです。ガリガリな自分を大きく見せたいという心理が働くのかもしれません。

もちろん、これも逆効果。ダボダボとしたスーツはだらしない印象を与え、「仕事ができる」というイメージからは遠ざかってしまいます。

▼「オーダーメードはお金持ちがすること」ではない

腹回りが大きい人も、細い人もコンプレックスは隠さずに出したほうが、堂々としたイメージを与えることができます。体にジャストフィットするスーツを選び、逆三角形のシルエットをつくれば、キリッとシャープな印象になります。

ただし、現実には、下半身が太っていて、大きいサイズのスーツを買わなければならないこともあるでしょう。パンツのサイズに合わせると、どうしてもジャケットのサイズも大きくなってしまいます。

そのような体型の人は、吊《つ》るしの服（既製品）ではなく、オーダーメードやセミオーダーのできる店舗で自分の体型に合ったスーツを買うことをおすすめします。

「オーダーメードやセミオーダーはお金持ちがすること」というイメージがあるかもしれませんが、第五章でも述べるように、今は気軽に三万円台からオーダーできる店舗もあります。

少々だらしない体でも、服はそれをカバーする力をもっています。服の力を信じて、堂々と気になる部分を出してみましょう。

身長の低い人は Vゾーンを小さくせよ！

NG
タイトすぎると
身長の低さが際立つ

日本人には、「身長が低いこと」にコンプレックスを感じている人が多いようです。

しかし、スーツの着こなししだいで、実際の身長よりも大きく見せることは可能です。それは、数々の男性アイドルが実証してくれています。

サイジングと逆三角形に気をつけるだけでも、身長の低さが気にならないほどのエネルギー感を出すことができますが、それでも気になる人は、Ｖゾーンを「上」にもってくることを心がけるといいでしょう。

つまり、Ｖゾーンを小さくして、体の重心を上にもってくるのです。そうすると、相手の目線が上に行くので、身長の低さを感じさせません。

また、ジャケットのラペルの幅は少々広いほうが、目線が上に行きます。

体の重心を上にもってくるという意味では、ウエストラインを絞ったジャケットを選ぶのもひとつの手。シルエットが縦長に見えるので、足が長く見える効果があります。

足が短い人は細身のパンツでカバーせよ！

NG 太めのパンツで足の短さを隠す

私は身長が低いほうではありませんが、それでも海外のビジネスパーソンの横に並ぶと、少しみじめな気持ちになります。足の長さが圧倒的に違うからです。足が短いことにコンプレックスを感じている人は、逆三角形を意識しながら、細身のパンツをはくのがポイントです。

足が短い、太いからといって、それを隠すような太めのパンツをはくと、コンプレックスが際立つ結果となってしまいます。

具体的には、テーパードのパンツ、つまりひざから下が細くなっていくパンツを選ぶと、足が長く見える効果があります。

目安としては、パンツが平置きの状態で、太もも三十㎝、裾幅十八㎝くらいがベスト。人によっては正座したときに太ももがパンパンになるかもしれませんが、それくらいの細さでちょうどいいでしょう。太ももと裾で差をつけるのがポイントです。

03

「人間関係」を変えたいなら、まず服を変えろ

相手との距離を縮めたいならニプレスを貼れ！（笑）

NG
自分が着たい服を着る

雑誌の特集でタレントの高田純次さんに取材をしたときのこと。大物タレントとの仕事ということで、現場はピリピリとした雰囲気が漂っていました。

そんな中、写真撮影のために高田さんに衣装チェンジをお願いすると、高田さんはその場で上着を脱ぎ始め、上半身裸になりました。

すると、高田さんの乳首にニプレスが！

大物タレントの撮影で緊張感が張りつめていた現場は、爆笑の渦に包まれ、一気になごやかなムードになりました。高田さんなりに、気を遣ってくださったのでしょう。その日の取材がいい雰囲気で進行したのは言うまでもありません。

このとき、私はあらためて実感しました。

「どんな服を着るかで、人間関係の距離は縮めることができる」と。

正確にいえば、ニプレスは服ではありませんが、「相手のため」という基本的な精神は同じ。相手との距離を縮めたいなら、相手が喜ぶ服を着ることが大切です。

ネクタイで「人との距離感」をはかれ！

NG
いつも同じ色のネクタイを着用している

重要なので繰り返しますが、服は自分のために着るものではありません。カッコよくなるのが目的ではなく、ビジネスで結果を出すのが目的です。

だからこそ、「この人から買いたい」「この人と一緒に仕事がしたい」という印象を与えるような服を着る、つまり「相手のために着る」という精神が大切になります。

そういう意味では、服は人間関係を潤滑にするツールのひとつといえるでしょう。

ビジネスにおける人間関係がうまくいっていないなら、まず服を変えて人との距離感をはかるのが近道です。

人との距離を近づけるのに有効なツールの代表格は、ネクタイです。ビジネスシーンや相手との関係性にしたがって、戦略的にネクタイの色を変えてみましょう。

たとえば、重要なプレゼンの場面。このような「攻め」のシーンでは、赤色のネクタイがふさわしいといわれます。

赤は気分を高揚させる色なので、本人も相手もプレゼン内容について前向きな気持ちになります。アメリカの大統領選挙などで、候補者が赤色のネクタイを「パワータイ」として戦略的に用いていることは、よく知られています。

このように赤色のネクタイを着用するのも悪くありません。ネイビー（濃紺）のスーツに赤色のネクタイはよく映えます。

ただし、謙虚さを美徳とする日本人には、赤色のネクタイは少々印象が強すぎるように感じます。そこで、肌の色に合う黄色系のネクタイをパワータイとすることをおすすめします。山吹色でもいいでしょう。ネイビーのスーツにもよく合います。

▼「仕事ができる」と思わせるネクタイの使い方

相手と会う回数を重ねるごとに、ネクタイの色を変える心遣いも大切です。たとえば、プレゼンが通ったあとの打ち合わせのシーン。この時点では、相手に企画は認められたけれども、気を許してもらったわけではありません。

人間関係が薄い段階なら、「仕事ができて、信用できる人だ」という印象を与えるのが最優先。トレンドを取り入れるのは、時期尚早です。

スーツと同じ色のトーンのネクタイを合わせると、キリッとした「切れ者」の印象になります。たとえば、ネイビーのスーツにブルーのネクタイ、グレーのスーツにシルバーやライトグレー（明るい灰色）のネクタイといった組み合わせです。

さらに打ち合わせの回数を重ねて、飲み会に一緒に行くような関係になったら、よりカジュアルなネクタイを合わせて、親しみやすさを演出してもいいでしょう。たとえば、プリントタイ。ドットや小紋、チェックなどの柄が入ったものをするだけで、カジュアル感が出ます。

トレンドを取り入れるのもひとつの手。最近のトレンドはペイズリー柄。ペイズリーは個性が強いイメージがありますが、黒の地色にグレーのペイズリー柄など同系色にすれば、目立ちすぎず、適度なアクセントになります。一般的に、トレンドの柄は一見派手でも、同系色のものは案外実用的です。

また、ニットや革など少し変わった素材のネクタイを選ぶことによって、親しみやすさを出せます。

女性が決定権をもっているなら「色気」を使え！

NG
体のラインを消すボックス型のスーツ

ファッション業界は、ほかの業界に比べて女性の活躍が目立ちます。一緒に仕事をさせていただくブランドの担当者にも女性は多く、彼女たちが決定権をもっているケースも少なくありません。この傾向は、これからほかの業界でも強くなるでしょう。

私が、女性の意思決定者とお会いするときに心がけている点は、男の「色気」を使うこと。色気といっても、いやらしい意味ではなく、服で男性らしさを最大限にアピールするのです。

男性の場合も、一緒に仕事をする女性がファッションなどに気を遣っていて、女性らしい雰囲気を醸し出している人であれば、テンションが上がりますよね。少なくとも地味で色気のない女性よりは、好印象を抱くはず。これは男の本音です。

それと同じで、女性も仕事相手が冴《さ》えない服を着ている男性よりも、着ている服から好印象のオーラを発している男性のほうが、気持ちよく仕事ができるのではないでしょうか。

多くの業界で、女性の意思決定者が増えています。これからの男性は、普段から女性ウケのよい「色気」のある格好を心がけるべきです。

女性の場合は、「色気」が前面に出ると、男性ウケはよくても、女性ウケは悪い。同僚などまわりの人に「あの子は、カワイイからね」という目で見られ、最悪の場合、足を引っ張られかねません。

その点、男性の場合は、少しくらい「色気」を出してもデメリットはありません。見た目が成果につながりやすいのです。

▼体のラインを堂々と出せ！

では、男の色気とは何でしょうか。

あまりむずかしく考えないでください。誰でも服に少し気を遣うだけで、ある程度の色気は出すことができます。

ポイントは、「体のライン」を出すこと。これは、自分の体型に合ったジャストサイズの服を着れば演出することができます。

今の体型を気にする必要はありません。体にフィットしたサイズの服を着るだけで、肩幅や胸板、腕などから男性の体のたくましさは伝わります。

まずは、サイジングに気をつける。これだけでも、男性の「色気」を演出し、女性の好印象を得られます。

肌の露出が色気につながるのは、女性だけではありません。少し上級者のテクニックになりますが、肌を部分的に露出するとダイレクトに「色気」を醸し出せます。

たとえば、シャツのカフス（ボタン）を外して腕まくりをし、血管が浮き出た筋肉質な腕を見せる。カジュアルな格好が許される場なら、シャツのボタンを開けて太い首筋をのぞかせてもいいでしょう。

また、女性は香りに敏感なので、香水も色気を演出するアイテムとして有効です。お店の人と相談しながら、女性ウケのよい香水を選んでみてください。

「冷」よりも「涼」の男が好かれる！

NG
上着を脱ぎ、ネクタイを外しただけ

「クールビズ」という言葉が定着してからしばらく経《た》ち、現在では多くの職場で夏の軽装が認められています。

クールビズ自体は悪くありませんが、ファッションに携わる私から見ると、クールビズが原因で「残念な格好の人」が増えているように感じます。

クールビズで失敗している人の典型例は、スーツのジャケットを脱ぎ、ネクタイを外したスタイル。要は、「脱いだだけ」なので、だらしなく見えます。

半袖のシャツを着ている人も多いですが、大きいサイズのほうが風通しがよいというイメージがあるのか、ダボダボのシャツを着ている人も目につきます。袖が長かったり、袖口のサイズが広かったりすると、パジャマのようでだらしない印象になります。半袖シャツも、やはりジャストサイズがいちばん美しいのです。

ビジネスにおける服は、相手のために着るもの。クールビズは、自分が涼しく感じるよりも、相手から涼しげに見えることを優先すべきなのです。

ひとつ引いたら、ひとつ足せ！

NG
胸ポケットにポケットチーフ以外のものを入れる

第二章で、「Ｖゾーンは力強さを生み出すパワーゾーンである」という話をしました。ビジネスシーンにおけるＶゾーンは戦うための大切な「武器」です。

クールビズに便乗してネクタイを外す人が多くいますが、これはただの手抜き。「武器」をひとつ捨てる行為です。ネクタイを外すだけで、ビジネスパーソンとしてパワーダウンし、相手から軽視されます。

ひとつアイテムを引いたら、ひとつアイテムを足す――。これが基本です。

ネクタイを外すなら、別の武器をＶゾーンに補充しましょう。

おすすめは、ポケットチーフ。ノータイ（正確にはアンタイド、タイレスのこと）によって間の抜けたVゾーンをグッと引き締めてくれます。「ポケットチーフはオシャレな人がするもの」というイメージをもつ人がいるかもしれません。

しかし、案外、誰がやっても様になりますし、ネクタイよりもリーズナブルな価格で手に入ります。ちょっとした心遣いで他人と大きく差をつけられる。それがポケットチーフなのです。

▼胸ポケットは「男の晴れ舞台」

初めてポケットチーフにチャレンジする人は、無地の白色を購入するといいでしょう。ビジネスシーンでも不自然ではありませんし、夏場は清潔感を醸し出すのにひと役買います。シャツに合わせやすいというメリットもあります。

二枚目以降は、ネイビーやブラウンといった色も試してみてください。

折り方には、スリーピークスやパフドなどのスタイルがあります。

ポケットチーフの折り方

1 広げた状態から縦横に
1度ずつ折り、正方形に

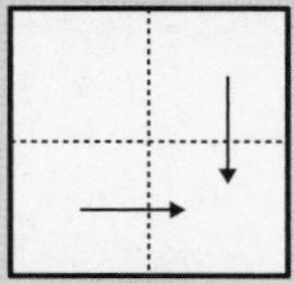

2 ①の4つ折りを
縦に3等分し、折り込む

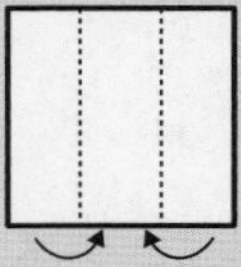

3 ポケットの深さに
合わせて下部を折り返す

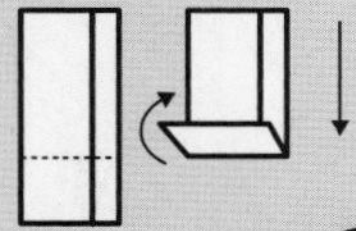

4 折り目がない面を表にし、
ポケットに入れる

完成

その中でもオーソドックスなのは「スクエア」。四角に畳んで胸ポケットから一〜二cmほど出します。

ちなみに、胸ポケットに携帯電話や名刺入れ、タバコ、ペンなどを入れる人がいますが、胸ポケットは、ビジネスパーソンにとっては印象を左右する「男の晴れ舞台」。余計なものを入れてはいけません。

お客様のドレスコードに合わせよ！

NG だらしなくしただけのカジュアルスタイル

会社によってドレスコード（服装規定）は異なります。年間を通じてノータイやジャケパン（別素材・別色の単品のジャケットとパンツを組み合わせるスタイル）を認めている会社も増えてきました。

しかし、お客様との良好な関係を築きたいなら、自社のドレスコードではなく、お客様のドレスコードに合わせるのが原則です。

いくら自社では問題にならない服装でも、ただ着崩しただけのカジュアルスタイルになっているケースが少なくありません。相手から見れば、「だらしない」「信用できない」という印象につながってしまいます。

社内業務中心で面会の予定のない日は、ノータイでカジュアルな服装でもかまいませんが、お客様と会う予定がある日は、あくまでも相手に合わせたスタイルを心がける必要があります。

私は、仕事の内容や面会相手によって、カジュアルな服で仕事することもありますが、スーツのジャケットを二着、ネクタイを数本、オフィスに常備しています。

いつなんどき、急な打ち合わせや面会が入るかわかりません。「急だから」といって、ネクタイもジャケットもなしで対応するのは、あまりに無防備です。せめてジャケットだけでもあれば、その場を取り繕うことができます。

カジュアルなスタイルが認められている会社であっても、ジャケットを一着、オフィスに置いておくのが理想です。

また、カーディガンをシャツの上から羽織っているだけでも、それなりに落ち着いた雰囲気を出すことができます。最悪でもカーディガンを一着、社内に常備しておくと便利です。

▼夏こそスリーピースを活用せよ！

少し上級者のテクニックになりますが、夏こそスリーピースのベストを活用することをおすすめします。

「暑い夏にスリーピースは着られない」と多くの人は思うでしょうが、ジャケットは着用しなくてもかまいません。

ベストさえ着ていれば、たとえジャケットなしで相手を訪問しても、相手は、「この人は、夏なのにスリーピースのスーツを着ているしっかりした人だ」「今日は、ジャケットは会社に置いてきたのかな」と勝手に解釈してくれます。

スリーピースのベストは、ジャケットがなくてもパワーダウンしない利便性の高いアイテムです。

ドレスコードが緩い会社は、個人が意識しないと、どんどん自分にとって都合のよい楽なスタイルに流れていきがちです。「相手からどう見えるか」という視点を忘れてはいけません。

ノータイの出来栄えは襟で決まる！

NG
襟元がだらしなく開いたシャツ

ノータイにするときに注意を払うべきは、襟まわりです。

ネクタイを外しただけのスタイルは、だらしなく見えてしまうケースが多々あります。ノータイにしても、Vゾーンのパワーが衰えないようなシャツを選ぶことが肝心です。

基本は、襟元がだらしなく開かないようにすること。第一ボタンを外したとき、V字にキレイに開かないと、相手にくたびれた印象を与えてしまいます。したがって、ボタンダウンなど、襟先を固定できるものがおすすめです。

また、襟が通常よりも、大きめのシャツを選ぶとビシッと決まります。

ポロシャツが許される職場であれば、台襟（襟と身頃の間にある、襟を立体的にするパーツ）が二㎝くらいあるものを選ぶといいでしょう。襟がフニャッとならずに、キレイな状態をキープできるので、ビジネスシーンでもカッコよく見えます。

なお、ポロシャツの裾はパンツに入れること。外に出すのはマナー違反です。

シンプルな「白シャツ」を味方にせよ！

NG
「白シャツは退屈」と決めつけている

元気ハツラツとして健康的——。これはあらゆる職業に共通する「一緒に仕事をしたい」と思わせる人のイメージではないでしょうか。反対に、暗くて不健康なイメージの人とは、あまりかかわりたくありませんよね。

したがって、健康的に感じさせる服装にすることも、人間関係では大事です。

健康的に見せるには、清潔感のある白シャツをピシッと着こなすのが基本。ラグジュアリーホテルの支配人が、必ず白シャツを着ているように、白シャツは信用や誠実さの象徴でもあります。

白シャツは、「平凡」「退屈」というイメージから敬遠する人もいますが、一流のエグゼクティブは白シャツを味方にしています。

もちろん、サイズが体に合っていなかったり、シワでくたくたになっていたりすれば逆効果ですし、襟の形などのトレンドを外してしまったら台なしです。ジャストサイズでシワのない白シャツをきちんと着こなしていれば、それだけでも健康的に映ります。それにプラスして、たとえば、レジメンタルタイ（斜めのストライプ柄のネクタイ）などをしめれば、Vゾーンがしまって見えます。

▼「紺のスーツ＋白シャツ」は最強の組み合わせ

健康的かつ清潔感のあるイメージを出すには、就活生のファッションを参考にしてもいいでしょう。

彼らの定番スタイルである「濃いネイビーのスーツ＋白シャツ」という組み合わせは、健康的なイメージを与えるにはもってこいです。

しかし、多くのビジネスパーソンは、いわゆる「リクルートスタイル」にならないよう、この組み合わせを避ける傾向があります。たしかに、多くの就活生がそうであるように、〝スーツに着られている〟感じになるとダサい。

そこで、スーツやシャツのサイジングや素材感、色の組み合わせ、ネクタイや腕時計などの小物で差をつければ、見違えるほど好印象になります。

ファッション初心者なら、スーツとネクタイの組み合わせを、同系色のグラデーションにしてみる。たとえば、濃いネイビーのスーツに、無地の水色や明るいネイビーのネクタイを組み合わせるといいでしょう。

また、ネクタイの素材をニットやリネン（麻、夏限定）など軽やかなものにするだけでも、あか抜けた印象になります。それでも、「リクルートスタイルになりそうで怖い」という人は、オーダーメードでスーツとシャツを揃えることをおすすめします。第五章でくわしく述べますが、今ではリーズナブルな価格で販売されています。

余談になりますが、健康的なイメージを演出するうえでは、肌の色も重要です。ヨットがエグゼクティブのスポーツとされるヨーロッパでは、日焼けはステータスの証《あかし》で、「仕事ができる」イメージにもつながります。私も一年中、小麦色の肌をキープしていますが、少し日焼けしているくらいのほうが、色白の人より元気ハツラツとした印象になります。

「週末」をイメージさせる小物を身につけよ！

NG 個性のない「オヤジ時計」をつけている

バブルの頃までは、会社のために仕事をしまくる「企業戦士」が評価される時代でした。平日は夜遅くまで残業や接待に時間を費やし、週末は睡眠を貪る。そんなビジネスパーソンがたくさんいました。

しかし、今はこのような「仕事人間」は必ずしも評価されず、人としても魅力的とはいえません。

仕事ができるのは当然のこととして、同時にライフスタイルの幅を感じさせるような人が、魅力的と評価され、まわりの人を惹《ひ》きつけます。

たとえば、週末はスポーツや旅を楽しんでいたり、こだわりの趣味をもっていたりする。そういう人は、会話をしていても引き出しが多いので、相手を楽しませることができます。

実際、企業も残業時間を減らす対策を講じたり、ワークライフバランスの考え方を取り入れたりするなど、仕事一辺倒の会社文化が見直されています。

たとえば、高級ブランドであるグッチの日本法人は、朝八時を始業とする代わりに、夜十九時以降の残業を禁止しました。十九時以降も残業する人は減給するそうです。

「残業ばかりする」「仕事の結果だけを追い求める」、そのような仕事人間は、評価されず、人の上にも立てないという時代に突入しているのです。

仕事だけでなく、それ以外の充実した「週末」をイメージさせる人が、今後、社会で評価され、組織を引っ張っていくと、私は考えています。

▼スポーティーな腕時計がアクティブな週末を想像させる

初対面の場合、どんなに自分が魅力的な「週末」を過ごしていても、「どんな家に住んでいるのか」「どんな車に乗っているのか」「どんな趣味を楽しんでいるのか」といったライフスタイルの幅は、相手には見えません。

そこで、身につけている小物で、「週末」をイメージさせます。

たとえば、スーツにも合うスポーティーな腕時計をしていたらどうでしょう。シルバーのステンレス製の腕時計だが、文字盤が遊んでいたりする。

すると、名刺交換のときに、この腕時計を見た相手は、「この人は、週末にゴルフやマリンスポーツなどを積極的に楽しんでいるのかもしれない」とイメージするでしょう。そこから、スポーツの話題で打ち解ける可能性もあります。

一方、多くの人が身につけているような平凡な腕時計をしていたらどうでしょうか。「シルバーのベルトにシルバーの文字盤」といった具合の、いわゆる「オヤジ時計」だったら、相手はこんなイメージを抱くかもしれません。

「この人は、週末も出かけずにゴロゴロしているタイプで、奥さんの尻に敷かれているのかも」


アクティブな週末を感じさせる人と、ネガティブな週末を感じさせる人がいたら、前者と付き合いたいと思いますよね。

「週末」をイメージさせることは、人の心をつかむうえで重要です。

腕時計やネクタイ、ブレスレットなどの小物でライフスタイルの幅を表現すれば、人間関係は広がるはずです。

名刺入れは相手の心を射抜く〝弾丸〟

NG
黒や茶の無難な革の名刺入れ

名刺交換は、相手にインパクトを与える最初のチャンス。礼儀正しさやさわやかなあいさつと同じくらい重要なのが、名刺交換時に目に触れる名刺入れです。

初対面の人と会うときに、スーツやシャツで遊ぶのはリスクがありますが、名刺入れは個性が少し強く出てもいいでしょう。それこそ、充実した「週末」をイメージさせるくらいのほうが、相手の印象に残ります。

逆に、ブランド品の名刺入れでも、黒や茶のコンサバティブ（保守的）なものでは相手の目には留まりません。

私の場合、挿し色になる名刺入れを使うようにしています。ビジネス用としては見た目が派手な物が多いですが、「ステキな名刺入れですね」と言ってもらえるなど、名刺入れがきっかけで、会話に花が咲いたことが何度もありました。

特に女性は名刺入れにかぎらずブランド品に敏感なので、遊び心のある小物がきっかけでコミュニケーションがうまくいくことも少なくありません。

名刺入れは時代の一歩先を行くデザインで、相手に先制攻撃をしかけましょう。

「スポーティー&エレガント」でギャップを演出せよ!

NG 会社や業界のイメージ通りのファッション

「戸賀さんて、意外と折り目正しい方ですね」。初対面の人から、こんな感想を言われることがよくあります。

私は、ファッション誌の元編集長という職業のイメージや、ブログで発信している情報や文体から、「チャラい人」という印象をもたれているようです。

しかし、私も会社組織で働いていましたので、自分で言うのも変ですが、常識はありますし、初対面の人と会うときは、きちんとした対応をしています。

特に意図しているわけではありませんが、そのようなイメージと現実のギャップが、相手にとっては好印象に映るようです。

一般的に、ギャップは人間的な魅力になります（もちろん、いい方向でのギャップです）。

役所や金融機関で働いているような真面目な雰囲気の男性が、実は、週末はサーフィンをしていると知ったら、人間的な幅の広さを感じ、「もっとこの人のことを知りたい」と思うのではないでしょうか。

反対に、マスコミやＩＴ業界で働いていて、派手な生活をしているイメージの人が、日本の伝統文化を重んじるようなタイプだったら、それも魅力的です。

▼一点だけイメージと異なるアイテムを忍ばせる

このようなギャップは、服や小物で演出することができます。ポイントは、ファッションの中に「スポーティー＆エレガント」を同居させること。

スポーティーとは、軽快で活動的なイメージで、カジュアルに近い概念。エレガントは上品で、フォーマルやコンサバティブなイメージです。

要は、スポーティーなアイテムとエレガントなアイテムを同時に身につけて、ギャップを生み出すのです。

たとえば、役所で働く人は、職業柄、エレガントなものを身につけるのが原則です。しかし、基本的にエレガントでまとめたファッションの中に、一点だけスポーティーなアイテムを取り入れる。

かっちりとした定番のスーツスタイルをキープしながらも、腕時計だけは遊び心のあるスポーティーなものを身につけていたら、少なくとも私は彼に興味をもつでしょう。「どんな週末を過ごしているのか」「どんな趣味をもっているのか」について聞いてみたくなります。

また、ドレスコードが緩いIT企業で働く人であれば、スポーティーでまとめたファッションの中にエレガントなアイテムを忍び込ませる。

たとえば、グランドセイコーのような国産の高級腕時計を身につけていれば、「見かけによらず、しっかりとした考え方をもっている人かもしれない」というイメージにつながる可能性もあります。

ギャップがある人は、「この人と仕事をしてみたい」「もっと深く付き合いたい」と相手に思わせます。仕事で成果を出したければ、さりげなく服や小物でギャップを演出することも大切です。

キャラに合わない「コスプレ」や「主張する服」は逆効果！

NG 流行のアイテムに安易に飛びつく

ファッションというと、頭のてっぺんからつま先まで全身を流行のアイテムで着飾るという「足し算」のイメージが強いかもしれません。

しかし、「足す」だけがファッションではありません。個性的なファッションで着飾るのは、独りよがりの「コスプレ」になりがち。どうせ「コスプレ」をするなら相手のためにすべきです。

ファッションにおいては、「引く」ことも大事な考え方のひとつ。

たとえば、哀川翔さんのような強面《こわもて》タイプの人が、赤色や黄色のパワータイをしめたり、流行だからといってゴールドのネックレスやブレスレットをしていたりしたら、どうでしょうか。

その強面のキャラクターが前面に出すぎてしまい、相手に余計な威圧感を与えてしまいます。あえてシンプルな着こなしをしたほうが好印象でしょう。

私の場合も職業柄、派手な印象をもたれがちです。だから、面会する相手や場面によっては、ブルックスブラザーズやラルフローレンなどのトラッド系（伝統的）のファッションをあえて着用し、「引く」スタイルを実践することがあります。

反対に、キャラクターが地味なタイプの人であれば、「足す」ことを考えるべきでしょう。

たとえば、大和田獏《ばく》さんは、タレントさんとしては一見、地味な印象を受けますが、カラーフレームのメガネを着用することで、かわいらしく、親しみやすいというイメージが強調され、個性を引き出しています。

このようにファッションは、キャラクターによって「足し引き」することが大切なのです。

▼「ファッションしか印象に残らない人」になってはいけない

日頃、ファッションに無頓着な人ほど、安易にトレンドを取り入れがちです。

たとえば、タータンチェックの柄が流行っているからといって、ド派手な色合いのタータンチェックのネクタイをしめる。初対面で彼と会った人には、「派手なネクタイをした変わった人」という印象ばかりが強烈に残ってしまいます。

服は自己主張のツールではありますが、過ぎたるは及ばざるがごとし。人柄や仕事の能力を伝えるうえでノイズとなる危険性があります。

ファッションもバランス感覚が大事。「あの人、全体的にいい雰囲気だったね」という印象を与えるくらいの服装がちょうどいいのです。

ただし、自分のキャラクターを客観的に判断するのも、ファッションのバランスをとるのも簡単ではありません。

信頼のおける女性の同僚や仲良くなった店員さんなどの意見を取り入れながら、自分にプラスとなる服やアイテムを探っていきましょう。

謝罪はスーツを雨で濡らすくらいの覚悟で臨め！

NG
謝罪の場面でジャケットを着用していない

謝ることは、編集長の大事な仕事のひとつです。

部下がミスをすれば、尻拭いをしなければなりませんし、掲載した商品の反応が悪ければ広告主に謝罪しなければなりません。私の場合、一週間に一～二度のペースで謝罪をしていました。

謝る場面でのマストアイテムは、ジャケットです。「短パン、TシャツOK」というドレスコードの編集部であっても、私は必ず置きジャケットを用意しておき、急きょ謝罪に出向かなければならないケースでも対応できるよう準備していました。

▼激怒していた社長が一瞬で許してくれた理由

昔、編集部員のミスが原因で、広告主である会社の社長を激怒させてしまったことがありました。

『MEN'S CLUB』の広告担当が一週間後に謝罪のためのアポイントをとっていたのですが、「まずは誠意を示さなければならない」という思いから、私はすぐさまジャケットを手にとってタクシーに飛び乗り、アポなしでその会社に向かいました。もし社長に会えなくても、菓子折りだけは置いてくるつもりでした。

その会社のビルの前に到着すると、急にザザーッと猛烈な雨が降り出しました。いわゆるゲリラ豪雨です。会社のエントランスまではわずかな距離でしたが、傘をもっていなかった私は、一瞬で全身ずぶ濡《ぬ》れになってしまいました。

私が途方に暮れていると、広告主の会社の社長がたまたまエレベーターから降りてきたのです。全身ずぶ濡れで「申し訳ございませんでした」と謝る私に対して、社長は怒るどころか、「わざわざこんな雨の日に来てくれて申し訳ない」と言って、こちらのミスを許してくださいました。濡れたジャケットが、味方になってくれたのです。

「謝罪するときはスーツを雨で濡らしてから行け！」とまでは言いませんが、相手に対して謝罪の気持ちを見た目で表現することは大切です。いくら言葉で謝罪しても、服装がカジュアルだったら、「どうせ口先だけだろう」と思われかねません。

謝罪や頼みごとをする場面では、最大限フォーマルな服装で臨むのが原則です。

04

細かい「こだわり」ができないヤツに、いい仕事はできない

靴はコバまで磨け！

NG
毎日同じ靴を履く

第一章で「靴の汚れは重要書類のミスと同じ」だと述べたように、靴の手入れが行き届いているかどうかは、仕事に取り組む姿勢や態度をあらわしています。靴の手入れの状態で、あなたの仕事の結果は決まるといっても過言ではありません。

靴の汚れは細部でも目立つので、靴を手入れするときは、コバ（靴底の側面部分）まで磨きましょう。細部までキレイにすることで、あなたの仕事ぶりや人柄に対する評価も上がるはずです。

高品質な靴の場合、手入れを欠かすことなく、三足くらいをローテーションでまわしていれば、十年は履き続けることができます。靴は値段と物持ちが正比例する傾向があるので、十万円くらいの靴を買っても元がとれます。十万円÷十年＝一万円／三六五日なら、一日二十七円です。

数万円の靴でも、メンテナンスを続ければ確実に靴の寿命は延びますし、ピカピカに磨かれた靴は、ビジネスシーンで強力な「武器」となってくれます。

ネクタイの結び目の緩みは「甘え」の証拠

NG 安物のネクタイをヘビーローテーションでまわす

ネクタイの結び目を緩めている人をよく見かけます。

「苦しい」「暑い」というのが理由でしょうが、結び目が緩んでいるのは、仕事や相手と真剣に向き合っていない証拠。心のどこかに「甘え」があるから、結び目がだらしなく緩んでいても気にならないのです。

ネクタイの結び目は、相手の目線からよく見える位置にあるので、自分が思っている以上に、相手は気になるものです。結び目が緩んでいれば、だらしなく見え、「この人は仕事ができない」というイメージにもつながります。

結び目の緩みから、本来Vゾーンから出すべきオーラやエネルギーが漏れ出る結果となってしまうのです。

▼高級ブランドのネクタイはシワができない

仕事に対する意識が高い人は、ネクタイの結び目をキレイにつくり、常に緩みなく整えていますが、同時に結び目の大きさと襟とのバランスにも気を遣っています。

シャツの襟のサイズが大きいのに結び目が小さい、あるいは襟のサイズが小さいのに結び目が大きい場合は、バランスが悪くなり、Vゾーンの力を十分に引き出すことができません。襟の大きさに合わせて結び目の大きさを変えると、バランスがよくなります。ただし、襟と結び目がともに大きすぎると、顔が大きく見えるので注意が必要です。なお、ネクタイを結んだときの長さは、大剣がベルトにかかるくらいがベストです。

ネクタイの結び方

上品な印象　プレーンノット

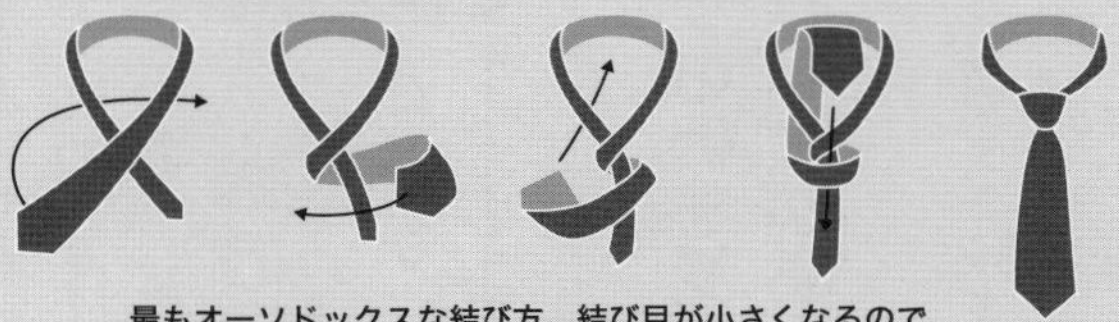

最もオーソドックスな結び方。結び目が小さくなるので、
レギュラーカラー（襟の開き角度が狭い）のシャツと相性がいい

男らしい印象　ダブルノット

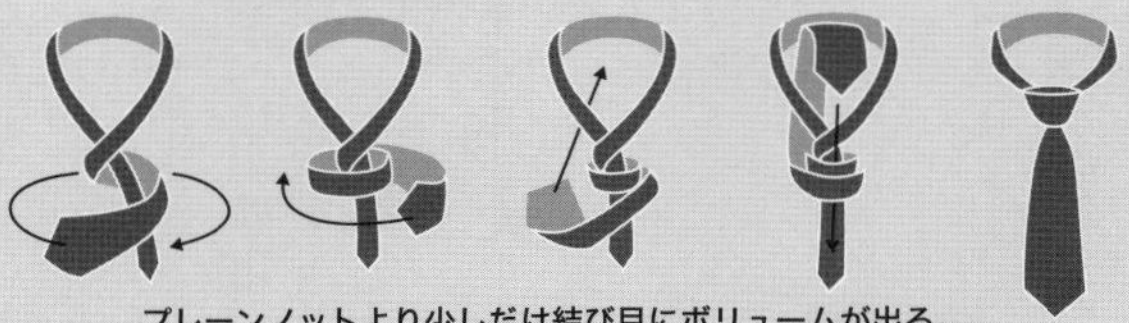

プレーンノットより少しだけ結び目にボリュームが出る。
セミワイドカラー（襟の開き角度がやや広い）のシャツに合う

オシャレな印象　セミウインザーノット

結び目がほどよい大きさの三角形になる。
Vゾーンを印象的にしたいときにおすすめ

ネクタイの値段はピンキリですが、高級ブランドのネクタイも何本かもっておくことをおすすめします。エルメスやブルガリのネクタイは、使用したあとハンガーにつるしておくだけで、翌日シワが消えてなくなっています。少々値は張りますが、オーソドックスな色や柄を選べば、費用対効果が高いアイテムといえます。

理想としては、一シーズンに三本ほどネクタイを購入し、月曜日から金曜日まで毎日異なるネクタイをしめられるようにしたいものです。

パンツの裾を見れば、何年はいているかわかる

NG 足元がダボッとした裾の長いパンツ

パンツの裾の長さにも種類と流行があります。

たとえば、「ハーフクッション」。パンツの裾が靴の甲にほんの少し乗る長さです。ハーフクッションは、足が細く見えて、清潔感をイメージさせます。

そのほかに、パンツの裾が靴の甲にしっかりと乗る「ワンクッション」（長め）や甲に当たらない「ノークッション」（短め）などがありますが、裾はほんの数センチの差でも大きく印象が変わります。

日本のビジネスパーソンは、大きいサイズのパンツのほうが安心感があるのか、裾が長くて足元がダボッとしている人が少なくありません。残念ながら、だらしない印象を与えてしまいます。

服を大事に着るのは感心すべきことですが、パンツは何年もはいていると時代遅れの着こなしになってしまいます。パンツにもトレンドがあることを意識して、適度なペースで買い換えましょう。

▼パンツの折り目で印象が変わる！

パンツをはく際に気をつけたいことがもうひとつ。

クリースラインは、きっちりとついているでしょうか。

クリースラインとは、パンツの前側（足の付け根から裾のあたりまで）についている折り目のこと。クリースラインがしっかりとキープできているだけでも、ビシッと引き締まった印象になります。逆に、とれてしまうと間の抜けたイメージになってしまいます。

クリースラインはアイロンでもつけられますが、最近では、形状記憶のパンツもありますし、クリース加工してくれるクリーニング店もあります。大いに活用しましょう。また、パンツ用のハンガーを使うとクリースラインがとれにくくなります。

パンツのシワは顔のシワと同じ

NG パンツのシワをそのままにして寝る

パンツをはいていれば、ある程度シワが入るものですが、特に、膝の裏や足の付け根、お尻の下などはシワだらけになりやすい。これをそのまま放置している人が多くいます。

しかし、パンツのシワは顔のシワと同じです。自分で思っている以上に、相手にくたびれた印象を与えてしまいます。プレゼン相手に、「疲れているようだから、今日は早めに帰らせてあげよう」などと余計な気を遣わせるようでは最悪です。

私は出張に出かけるとき、あまり荷物にならないようにパンツも必要最低限しかもっていきませんが、毎晩必ず、ホテルのアイロンやズボンプレッサーでシワをとってから眠りにつきます。

一分あればできることですが、多くの人が「あと一、二日は大丈夫だろう」といって寝てしまいます。

世界で活躍しているエグゼクティブの中に、パンツにシワが刻まれている人は、めったにいません。

シワを伸ばすだけでも印象はガラッと変わるので、まめにチェックしましょう。

男の生足はマナー違反！

NG 足を組んだときに肌が露出する

足を組んだとき、パンツと靴下の間から素足がのぞく……。せっかくスーツをビシッと着こなしているのに、靴下が短いせいで、すね毛が伸びた生足がのぞいてしまっている人をよく見かけます。

素足が見えてしまうのは、完全にマナー違反。見た目もカッコ悪いですよね。足を組んでもすねが見えないような長さの靴下を選びましょう。また、ストッキング風の黒いソックスもオヤジくさいのでNGです。

「靴下の色は黒」と決めて、同じ色の靴下ばかり履いている人もいますが、スーツの色に合わせるのが基本です。スーツと同色か、グラデーションとなる同系色を選ぶのがベター。たとえば、グレーのスーツであれば、靴下はライトグレーを合わせるとカッコいい。

ちょっと遊び心を出したいのであれば、スーツと同系色のドットや小紋柄などがおすすめ。さりげなくセンスをアピールできます。

ベルトは「マナー」だと心得よ！

NG いつでもどこでも黒の革ベルト

ベルトには、パンツがずり落ちないように留めるという役割もありますが、それ以前にベルトは着用するのがマナーです。ドレスコードが厳しいゴルフ場の中には、ベルトを着用しないとコースに出られないところがあることからもわかるように、本来は着用していないと恥ずかしいアイテムなのです。

さすがに、スーツでベルトをしていないビジネスパーソンはめったにいませんが、週末のカジュアルスタイルだと「パンツがピッタリサイズだから」と、ベルトをしない人がいます。カジュアルといえども、ベルトをしていないのはマナー違反です。

ビジネスシーンでは、スーツに似合う黒の革ベルトが重宝しますが、カジュアルのシーンでは黒の革だと「堅すぎる」イメージになります。ネイビーやブラウンなどのベルトを組み合わせると、軽快さを演出できます。

また、ビジネスシーンでは、メッシュ（網目）状の革ベルトに変えるだけでも涼しい雰囲気になり、三歳は見た目が若返ります。特に、夏場はメッシュがおすすめです。

メガネは男の「看板」だと思え！

NG 流行りのメガネを買ってしまう

「メガネは顔の一部」といっても過言ではありません。それくらい顔の印象を大きく左右するアイテムです。メガネは男の「看板」だというくらいの意識で選ぶべきです。

メガネ選びで失敗すると、ビジネスにマイナスの影響がありますが、逆に自分に合ったメガネを選べば、「知的」「説得力がある」「愛嬌《あいきょう》がある」といったプラスのイメージを演出することもできます。

メガネ選びのポイントは、「トレンド三割＋自分の顔に合う七割」。

コンサバすぎるとダサい印象になりますが、流行っているからという理由だけで選んでも、自分の顔に合っていなければマイナスの印象になりかねません。店員さんや友人などの客観的な意見を取り入れることが失敗しないコツです。

人の顔は三年も経てば、老化により大きく変わります。

たとえば、三十五歳と三十八歳の顔は別物なので、似合うメガネも変わってくるのです。できればメガネは、三年くらいで買い換えるようにしましょう。

鞄には必要最低限のモノを入れよ！

NG
使わない余計なモノが鞄に入っている

鞄がパンパンになるほどに、たくさんモノを詰め込んで移動している人を見かけます。ひと昔前までは、「頑張っている証し」とみなされていたかもしれません。しかし、今は、「スマートさ」が評価される時代です。

残業に休日出勤にと忙しく汗をかき、ブランド品や車などお金やモノをたくさん所有する人が評価される時代は終わり、仕事で結果を出すけれど、週末も含めた人生のプロセスそのものを楽しんでいるスマートな人が評価される時代になっているのではないでしょうか。

汗をかいても見せない人がカッコいい、というわけです。

鞄は、そうした働き方や価値観を象徴するアイテムだと、私は考えています。

余計なモノをたくさん詰め込んでいる人は、ひと昔前の価値観で仕事をしている。一方、必要最低限のものしか持たず、スマートに鞄を使いこなしている人は、今の価値観で仕事をしている、といえます。どちらがまわりから高く評価されるかは、言うまでもありません。

コートは「軽さ」を重視せよ！

NG
スーツ＋ダウンコート
or ロングコート

前述したように、現在はスマートさが評価される時代です。ビジネスで着用するコートも、「大げさなもの」「重いもの」は、時代に逆行しているように感じます。

具体的にいえば、ダウンコートやロングコートは、おすすめしません。ボリュームがあったり、モコモコしていたりすると、野暮ったい印象を与えてしまうからです。

トレンチコートでもステンカラーコートでもかまいませんが、コートは「軽さ」を重視すべきです。

「そうはいっても冬は寒い」という反論もあるかもしれません。しかし、最近のコートの進化は著しいものがあります。薄手でも寒くないつくりや素材のコートが次々と出てきています。ダウンなのにモコモコとしていない薄手のコートも発売されているほどです。

コートをスマートに着こなす人は、仕事ができるというイメージにつながります。

ブレスレットは最新の〝モテアイテム〟

NG
「ブレスレットはチャラい」と頭ごなしに否定する

最近では、腕時計と一緒にブレスレットをしているビジネスパーソンがめずらしくなくなりました。

スーツを扱うセレクトショップのほとんどでブレスレットを販売しているほどに、市民権を得ています。

仕事でブレスレットを身につける最大の効果は、「週末」などのライフスタイルをイメージさせる点にあります。「この人と付き合うと楽しいかもしれない」

と想像させるブレスレットは、男性からも女性からも好印象の〝モテアイテム〟です。

もちろん、会社や業種によってドレスコードがあるので、TPOを選ぶ必要がありますが、たとえば、ネイビーのスーツにブラックのブレスレットであれば、派手な印象を与えることなく、むしろクールだと受け取ってもらえるでしょう。レザー、ビーズ、スチールなどブレスレットの種類は豊富ですし、リーズナブルな商品もたくさんあります。初心者の方は、まずは週末に使えるブレスレットから選んでみてはいかがでしょうか。

化粧水で顔が五歳若返る！

NG 顔が脂でテカっているからといって洗顔する

服の話から少々脱線しますが、外見をよく見せるには肌のケアも重要です。第二章で述べたように、若々しく見えることで、その人がもっているエネルギーの強さやオーラを感じさせます。肌の若さを保つことができれば、それだけで実年齢より五歳若く見られることも可能です。

とはいえ、「美容には興味がない」「肌のケアは男がするものではない」という男性は少なくありません。

しかし、肌のケアといっても、とても簡単です。

朝晩、化粧水をつける。これだけです。

男性の肌はもともと女性に比べて水分量が少ないので、水分が出ていくのを防ぐために脂分が分泌されて、肌がテカり出します。夕方、顔がテカるのは、肌を保湿するための防御反応なのです。

それなのに、ほとんどの男性は、顔のテカりを水で洗い流したり、おてふきでゴシゴシと拭いたりします。脂分を取り除いてしまうと、水分を保つために、また脂分が短時間で分泌されてしまいます。顔のテカりをとろうとすればするほど、ますます顔がテカり、肌がダメージを受けるという悪循環に陥ってしまうのです。

▼一日一分の習慣で肌が若返る

この悪循環を断ち切る簡単な方法が、化粧水をつけることです。化粧水で水分を補給してあげることによって、顔のテカリを防ぎ、肌を健康に保つことができます。

化粧水をつけるだけでも、男性の肌は大きく改善され、若々しさを保つことが可能です。清潔感がアップし、見た目の印象も改善されるでしょう。

化粧水を使う習慣があるかどうかで、三年後、五年後、十年後の肌の状態は大きく変わってきます。

一日一分もあればできますから、騙《だま》されたと思って試してみてください。肌の変化を実感できるはずです。

05

服は男という資源への「投資」である

「経費を使う」つもりで服を選べ！

NG 見た目を後回しにして知識やスキルばかりを磨く

意識の高いビジネスパーソンは、ビジネス書で勉強したり、研修やセミナーに参加したりと、自分を磨くことにお金と時間をかけています。

しかし、そういう人にかぎって、服装や身だしなみを後回しにして、期待する成果を出せていません。

本や研修で学んだ知識を最大限に活《い》かすためにも、「経費を使う」つもりで、服や身だしなみに力を入れる必要があるのです。

見た目を軽視している人は、「オシャレはお金持ちのすることだ」と決めつけている節があります。たしかに、よい印象を与える服を揃えようと思えば、それなりの資金が必要になります。

けれど、お金があっても成金主義で趣味の悪い服を着ている人もいれば、限られた予算の中でやりくりして、好印象を獲得しているビジネスパーソンもたくさんいます。あとで述べるように、高品質なのにリーズナブルなスーツも、簡単に手に入るようになりました。

服を変えることは即効性のある投資です。スキルや能力を磨くよりも、すぐに成果が出ます。

顔のルックスに自信がなくても、身だしなみに気をつけて、服をうまく着こなせれば、それだけで「武器」になります。これほど費用対効果の高いジャンルは、ほかにありません。

限られた予算の中で、好印象のコーディネートを実現する――。

これからのビジネスパーソンには、そうしたスキルも必要なのではないでしょうか。

▼服を買う資金は、仕事で成果を出すための「経費」

見た目にかけるお金は、ビジネスで成果を出すために必要な「経費」です。服を単なるファッションや趣味としてとらえてきた人は、まずは意識を変革しましょう。

もし手元に十万円、服に投資できる資金があるなら、まずはスーツ、ジャケット、靴を新調することをおすすめします。四万円のスーツ、三万円のジャケット、三万円の靴を一式揃えるだけでも、あなたの印象は大きく変わります。

すぐに資金を用意できないなら、ビジネス書や研修にかけている経費を服に振り分けて、毎月一点ずつでも少しずつ買い揃えていく。

そうすれば、一年が経った頃には、あなたの外見は見違えるほど変化しているはずです。

NG
高価なスーツを三年以上着続ける

スーツは三万円で買い、三年で捨てろ！

ビジネスパーソンが身につけるものの中で、最大の「武器」となるのがスーツです。スーツがヨレヨレ、ダボダボでは勝負になりません。それなりの投資をする必要があります。

とはいえ、「上質なスーツは高いから……」と二の足を踏む方も多いのではないでしょうか。

たしかに、十年ほど前までは良質なスーツを買おうと思えば、十五万〜二十万円の出費を覚悟しなければなりませんでした。

しかし、スーツは日々進化しています。昔は十万円以上出さなければ買えなかったような品質のスーツが、今ではチェーン展開するスーツ量販店で三万円台から買える時代です。

実際には、中国、ベトナム、タイなどで製造されていますが、生地の質も仕立ての技術もイタリア人真っ青の域まで向上しています。量販店に行くたびに、「このスーツがこの値段で買えるの!?」と驚かされるほどです。一万～二万円台の格安スーツを買うなら、もう少し奮発して三万円台のスーツを買うことをおすすめします。それくらい品質に差があります。

今は、スーツに大枚をはたかなくても済む時代です。スーツを買うなら三万円ぐらいの商品で十分。あとはサイジングさえ間違えなければ、誰でも一流のビジネスパーソンに見えます。

▼十年着られる服は存在しない

スーツの質が向上したからといっても、五年も十年も着続ける前提では買わないでください。

スーツにもトレンドがあります。ブルックスブラザーズのような老舗の定番スーツであっても、デザインのディテールを少しずつ変えて熟成させています。どんな高級ブランドでも、基本的に十年着られる服は存在しないのです。

五年も着続けていれば、どこか古めかしい印象を与えてしまいます。

また、いくら複数のスーツをローテーションでまわしていても、必ずくたびれてくるものです。

幸いなことに、現在は質の高いスーツが安価で手に入ります。だから、スーツは基本的に三年経ったら捨てて、新しいものに買い換える。三万円のスーツであれば、三年間も着られれば十分元をとったといえるでしょう。

スーツは、シーズンごとに最低でも三着をローテーションするのが理想です（スーツ二着、ジャケット一着でも可）。それ以下だとヘビーローテーションになり、スーツの傷みが早くなって三年はもちません。なお、ジャケットよりもパンツのほうが傷みは早くなります。

そこで、購入の段階であらかじめ同じパンツを二本買うのもひとつの手。量販店の中には、一着スーツを買うと、二本パンツが付いてくるようなお得なセットを販売しているところもあります。

NG 最初の一着として、個性的なセットアップを選ぶ

コスパがいいのは「紺ブレ」×「グレーパンツ」

スーツ以外にジャケパンが許される職場であるなら、おすすめのコーディネートがあります。

それは、「ネイビーのジャケット」と「グレーのウールパンツ」の組み合わせ。清潔感があるだけでなく、目上の人を訪問するときでも、カジュアルなシーンでも違和感がないので、一着もっているだけでさまざまな場面に活用できます。最もコストパフォーマンスが高い組み合わせといえるでしょう。最初の一着としても適当です。

ＩＴ企業などドレスコードが緩い会社を訪問するときは、オーソドックスなスーツスタイルだと、「役所の人みたい」とかえってマイナスのイメージにつなが

るおそれがあります。

このように相手がカジュアルな服を着ているケースでは、堅くなりすぎず、失礼にもならないジャケパンスタイルがなじみます。

ジャケパンを着る機会が多い人であれば、セットアップスーツを積極的に活用するのもおすすめ。

セットアップスーツとは、ジャケットとパンツがバラ売りにされているスーツのことで、ジャケット、もしくはパンツ単品でも購入できます。

セットアップのジャケットは、通常のスーツよりも、デザインや素材などディテールが凝っています。たとえば、ジャケットのボタンにボリュームがあったり、デザイン性に富んでいたりするなど遊びが見られます。

このようなジャケットは、着ている人の遊び心を演出できるだけでなく、ジーンズなどカジュアルなファッションにも合わせられるなど着回しが利くので、ビジネスシーンにかぎらず週末にも活躍してくれます。

▼セットアップスーツはコンサバなものを選ぶ

二着目以降は、チェックなど柄物のジャケットを選んでもいいでしょう。ただし、あまりデザインが凝ったものや流行を取り入れたものを選ぶと、使い勝手が悪くなります。

以前、エルボーパッチ（上着の袖に付けられた肘あて）が流行しましたが、肘あて部分が目立つものだと、「がんばってる感」が出すぎてイタイですし、流行が過ぎたら古い印象を与えてしまいます。

車でもランボルギーニのような派手な車に三年も乗っていると、「まだ乗ってるの？」という印象になりますが、同じ高級車でもベンツやＢＭＷのようなコンサバティブな車は、何年乗っていても古さを感じさせません。

何着かセットアップをもっているなら、デザインで遊ぶのもＯＫですが、最初のセットアップのジャケットは、ある程度、コンサバなものを選ぶのが原則。エルボーパッチの付いたジャケットを買う場合でも、「チャコールグレー＋グレー」「ネイビー＋ブルー」のように肘あて部分が強調されすぎないものを選ぶべきです。

日本人に相性がよい「紺」×「黒」を使い倒せ！

NG 色の組み合わせに頓着しない

色の組み合わせで、相手に与える印象は大きく変わります。政治家のネクタイなどは典型ですが、第一印象がよい人は、戦略的に色を使っています。

ファッションの本場イタリアには、「アズーロ・エ・マローネ」というファッション用語があります。これは、「青（紺）と茶」の組み合わせを指し、イタリア男の定番の配色とされています。

たとえば、紺のスーツに茶色の鞄、靴、ベルトなどを組み合わせるのが王道です。日本人にも「青と茶」の組み合わせはおすすめですが、若干「遊び」の要素が強くなり、着こなしがむずかしい。

私は、日本人には「アズーロ・エ・ネロ」のほうが相性がよいと考えています。

「青と黒」の組み合わせです。

たとえば、紺のスーツに、黒の鞄、靴、ベルトなどを合わせる。オーソドックスに感じるかもしれませんが、引き締まったイメージかつフレッシュ（元気）な印象を与えるので、日本のビジネスシーンには最適。ファッション初心者は、まず「紺」と「黒」の組み合わせを使い倒すといいでしょう。

財布はあなたの「稼ぐ力」をあらわす

NG
ボロボロになるまで使い込んだ安物の財布

近年、テーブルチェック（席で会計）をする飲食店が増えています。会計で財布を出したときに、ボロボロになるまで使い込んだ合皮やビニール製の安物だと残念感が漂います。マジックテープ式の財布など言語道断です。

財布は、持ち主の「稼ぐ力」や「経済状態」をあらわします。つまり、財布からビジネスパーソンとしての価値が類推できてしまうのです。

したがって、少し背伸びをするくらいの高級ブランドの財布を使用することをおすすめします。

色は、黒でもネイビーでもベージュでも、オーソドックスなものでかまいません。基本的には、あからさまに「どこのブランドかわかる」ものを身につけるのはセンスがいいとは思いませんが、財布に関しては、ブランドがひと目でわかるくらいのほうが、ストレートに価値が伝わります。だから、大きくロゴが入ったものを選ぶのもありです。

鞄は男を映す鏡

NG
「軽い」「たくさん入る」を基準に鞄を選ぶ

訪問先に必ずもっていく鞄は、持ち主の第一印象を左右するアイテム。鞄はあなたを映す鏡のような存在です。

どんな鞄をもっているかで、「魅力的な人か」「信用できる人か」を判断されてしまいます。

だからこそ、多くの人がもっている平凡なナイロン製の黒のブリーフケースは避けたいところ。「普通以下」という印象を与えてしまいます。

相手の好印象を獲得したいなら、革の鞄が無難です。

高価な海外ブランドでなくても、最近は三万円台後半から五万円くらいの日本製レザー鞄の中に、十年使えるような高品質な商品が増えています。麻布テーラーやアニアリなどはおすすめ。機能性や実用性を重んじる日本人は鞄に対する要求が高いので、実は、ルイ・ヴィトンやエルメスよりも実用性などの面では先を行っています。

鞄は大事に使えば物持ちがよいので、決して高い買い物ではありません。

オーダーメードはお金持ちの特権ではない

NG
自分の体のスペックを把握していない

ここまでサイジングの重要性を何度も述べてきました。極端なことをいえば、九千八百円のスーツでも、体型に合ったものを着用するだけで、あなたの見た目は九割変わります。

逆に、どんなに高級なスーツでも、サイズの合ったものを選ばないとカッコ悪いシルエットになってしまいます。まさに宝の持ち腐れですね。

とはいえ、吊るしの服（既製品）が、ジャストフィットするとはかぎりません。百人いれば百通りの体型があるので、そもそも吊るしの服の中からジャストフィットの服を探すのは限界があるのです。

特に、メタボ体型の人は絶望的。腹回りに合わせたパンツを選べば、必然的にジャケットも大きなサイズになってしまい、ますますシルエットがゆがんでいきます。

では、どうするか？

ズバリ、オーダーメードあるいはセミオーダーを活用することをおすすめします。

「オーダーメードはお金持ちやファッションにこだわる人がするものだ」

こんなイメージをもっている人も多いでしょう。

しかし、それは誤解にすぎません。

最近では、三万円台からスーツをオーダーメードできる百貨店やセレクトショップが増えています。もはやオーダーメードは、特別な注文方法ではないのです。

基本的な生地やデザインは変えられないけれど寸法などは調整できる「セミオーダー（イージーオーダー）」であれば、通常価格のプラス一割ほどで、リーズナブルに購入することができます。

体型に合わせたオーダーメードは、体に吸いつくようにフィットしますし、シルエットが美しい。着た感触やシルエットは吊るしのものとはまったく異なります。

「一度オーダーメードを体験したら吊るしの服は着られない」と言う人もいるくらいです。

特にメタボの人やガリガリの人は、個別の体型にジャストフィットして、カッコよくスーツを着こなすことができます。

また、袖ボタンのデザインを変えたり、数を増やしたりできるなど、オリジナルのファッションを楽しめるのもオーダーメードの魅力といえるでしょう。

▼体に密着するシャツこそオーダーメードで！

スーツだけでなく、シャツもオーダーメードにすれば最強です。

欧米では「シャツは下着である」という考え方が主流であるように、もともとシャツは肌の上に直接着るものです。高温多湿な日本ではそうはいきませんが、スーツよりも体に密着するシャツこそ、オーダーメードにすると体のラインがキレイに出て精悍《せいかん》に見えます。最近人気の麻布テーラーなら七千円からオーダーでき、意外とリーズナブルです。

まずはオーダーメードのよさを体験してみてください。一度オーダーメードすれば体の寸法などがわかります。そのデータをもっていれば、気軽にさまざまな店でオーダーメードに挑戦でき、ファッションの幅が広がります。

無料の「マイ・スタイリスト」を味方にせよ！

NG 自分のセンスを過信して服を選ぶ

ビジネスで勝てる服を選ぶには、「相手からどう見えるか」という視点が重要になります。

しかし、現実には、自分の見た目を客観視するのはむずかしいですよね。自分ではカッコよくトレンドを取り入れたつもりでも、まわりからは「頑張りすぎちゃってるね」「痛々しい……」と思われているかもしれません。

そこで、重宝するのがショップ店員です。

オーダーメードを活用しているなら、そのショップの店員さんでもいいですし、スーツ量販店の店員さんでもいい。とにかく客観的なアドバイスをしてくれる気の合う店員さんを見つけて、その店に通うのです。そういう存在が二人いれば、より客観的な視点で服を選ぶことができるでしょう。

彼らは、お客様に服を売って、売上を上げるのが仕事ですが、プロの店員さんであれば、似合わないものを売りつけることはありません。親身になって相談に乗ってくれるはずです。

彼らを無料の「マイ・スタイリスト」として活用しない手はありません。サイズのことはもちろん、トレンドについて情報を聞き出してもいいですし、「このチノパンにはどんな上着が似合うかな?」などと週末のカジュアルスタイルについて相談してもいいでしょう。

自分で勉強して試行錯誤するよりも、短時間で的確なアドバイスをもらえます。

マイ・スタイリストになってもらう店員さんは、お客様の話をよく聞き、服を着る用途やシーン、予算などを考慮して服をすすめてくれる人が理想的。「トレンドは、これです」と、自分が売りたいものばかりすすめてくる店員さんは避けるべきです。「この人は!」という店員さんが見つかったら、こちらから要望や予算を先に話してしまってもいいでしょう。それに合わせた服を提案してくれるはずです。

▼妻にとって夫の服の優先度はかぎりなく低い

「服は妻に選んでもらう」、あるいは「妻に買ってきてもらう」という人も多いかもしれません。

自分で選ぶよりは、はるかに客観的で他人ウケするものをセレクトしてくれますが、彼女たちの意見を鵜呑みにするのはリスクがあります。

女性が好む服は、華美でやさしい印象のものが多いので、必ずしもビジネスシーンに適しているとはかぎりません。

男の服は、あくまでも戦うための「武器」なのです。

また、「妻にとって夫の服の優先度は低い」という現実もあります。妻がいちばんに優先するのは、家計です。そのあとに自分と子どものこと。下手をすると、夫はペットよりも低い優先順位かもしれません。悲しいですが、これが現実です。

そのような優先度で判断する妻が、仕事で勝ち抜ける服を買ってくれるとは考えにくいですよね。服は自分で買いに行く。これが原則です。

傘は困っている人にあげてしまえ！

NG
ボロボロの傘を大事に使っている

「神は細部に宿る」という言葉がありますが、服も細部までこだわることで、好印象を残すことができます。しかし、細部にも優先順位があります。

オシャレにこだわる人は「傘も一流のものをもつべきだ」と考えるかもしれません。その考えを否定するつもりはありませんが、これから服を変えようという初心者の方には、スーツやシャツ、靴などほかにこだわるべきところがたくさんあります。予算も限られるでしょうから、現実的に高級傘にお金をまわす余裕もないでしょう。

エコの精神に反するかもしれませんが、私はビニール傘でも問題ないと思います。何を隠そう、私も傘はビニール派です。

その代わり、ビニール傘はボロボロになるまで使わない。傷んできたら、新しいものに買い換える。あるいは、にわか雨で困っている人がいたら、買ったばかりでもあげてしまう。二千円程度の安物の傘を大事に使うより、そのようなスマートかつジェントルな心をもっている人のほうが、仕事でも成果を出せると私は信じています。

NG
「白髪が似合う男」をめざす

「白髪が似合う人はめったにいない」と心得よ！

服とは違いますが、髪型も第一印象を大きく左右します。業界や業種によって許容される髪型は異なりますが、ビジネスシーンでの大原則は、清潔感と信頼感を与えること。基本的に、明るいカラーやボサボサに伸びた髪はNGです。

また、若白髪をそのままにしている人がいますが、ビジネスでは百害あって一利なし。だらしない服と同様、白髪もくたびれた印象を与えてしまいます。

まだ白髪が少ない人、ある程度若い人は、白髪は染めてしまうのが正解です。高田純次さんや吉川晃司さんなど、有名人の中には白髪が似合う人もいます。その影響なのか、「白髪が似合う男をめざす」と言う人がいますが、白髪が似合うのはごく限られた人だけ。基本的に、白髪が似合う人はほとんどいません。

最近では、洗髪しながら自然に白髪を染められるシャンプーもあるので、白髪が気になる人は、検討してみるといいでしょう。

究極の自己投資は逆三角形の体型を維持すること

NG 不摂生を繰り返し、服にフィットしない体を放置する

本書では、口を酸っぱくしてサイジングの大切さを説いてきました。そのために、オーダーメードを活用することも推奨しています。

しかし、いちばんの理想は、オーダーメードを利用せずに、吊るしの服でもジャストフィットするような体型を維持することです。

規則正しい食生活や適度な運動で男らしい逆三角形をキープできれば、どんなスーツやシャツを着ても似合い、ビジネスシーンで戦う態勢が整います。ビジネスにおいて、服は「武器」になりますが、最強の「武器」は、その服を着る健康的な肉体です。肉体を磨くことこそ、究極の自己投資といえます。

私自身、日頃から筋トレをしたり、肥満対策をしたりしているのも、それがスーツに似合う体をつくり、結果的に仕事の成果につながるという信念からです。

自己管理ができる人のもとには、人もお金も集まってきます。服を変えたら、次は体を変えましょう。

06

文庫版オリジナル

「髪」で印象は八割変わる！

仕事に「服」は大事だが、髪型はもっと大事！

NG 服装にばかり気を遣いすぎる

本書の第一章で、第一印象の重要性について書きましたが、実は人の印象を左右するものは服以外にもあります。

声質や表情は、生まれもった資質ですし、自分の努力で身につけた品格や知性なども、第一印象につながるのは言うまでもありません。

さらにここへ日々の研鑽《けんさん》で積み上げた、あなた自身の人間性を「良質な服」というパッケージに包むことで初めて、仕事で結果が出せるのです。

しかし、人のイメージはときに服よりも、髪によって左右されます。

ボサボサの寝癖アタマだったり、伸び放題のうえに髪型も冴えないようでは、たとえ高級ブランドのスーツを着ていても、誰もあなたを正当に評価してはくれないでしょう。

脂ぎった髪にフケでも浮いていたら、仕事相手よりもまずは身内の人がイヤな顔をするはずです。

きちんと整えた清潔感のある髪と、仕事に合った髪型を備えたうえで、服装に気を遣うべきだということはあきらかなのです。

特に女性は、量販店のものでもきちんと手入れがされて、正しくフィッティングされたスーツをまとって、さっぱりと整えた髪型の男性なら、高級テーラーで仕立てたスーツの脂ぎったオヤジよりも、はるかに好印象をもってくれるはずです。

もしあなたが人と向き合うことに自信がなかったり、他人から好かれたり、評価されたり、即《すなわ》ち「モテる」ことを実感できないようなら、今すぐ髪型を変えてみることをおすすめします。

意外と効果があるはずです。

服を変えるより簡単にイメージチェンジできる

NG
自分好みの髪型にしている

ここまでの服の話は、それほどむずかしくないことを述べてきたつもりですが、これまで服の知識が浅かった人が、いきなり実践に移すのは、案外むずかしいことかもしれません。行きつけのショップもなければ、ファッション誌を読むこともなかった人が、オシャレなセレクトショップの敷居を跨《また》ぐことは、相当の勇気がいることでしょう。

そんな人でも、理髪店だったり美容室だったり、人によって違うとは思いますが、髪を切りに行く行きつけの店があるはず。ならば、そこで髪型を変えてみるだけで、服より簡単にイメージチェンジが期待できます。

では、どのような髪型にするべきでしょうか？

それを決めるのは、第一に職業です。なぜなら、同じ考えを共有し、同じ目標に向かう人たちのコミュニティには、共通言語と呼ぶべき服と髪型、つまりスタイルが存在するからです。

たとえばビジネスマンならクラシックなスーツを着るでしょうし、クリエイターなら最新のデザイナーズ服を着るでしょう。IT業界ならTシャツにジーンズのこざっぱりしたカジュアルのほうが、それっぽく見えるかもしれません。

それらの服装に似合う髪型は、それぞれにストライクゾーンが設定されています。クラシックなスーツに、ワイルドなロングヘアは似合いませんし、最新のコレクション服にスポーツ刈りは、ちぐはぐな印象です。

ファッション撮影では、服に合わせてモデルのヘアスタイルを変えることが当たり前です。元気なアメカジには、無造作でナチュラルなヘアスタイルを、シックなラグジュアリーブランドの服にはつくり込んだモードなヘアスタイルを、編集者とスタイリスト、カメラマンも含めてヘアメイクと打ち合わせしながらつくりあげています。そうすることで、服やブランドの世界観を表現し、伝えているのです。

服に合わせた髪型で印象を変えるように、職業によって着るべき服が違うのですから髪型も変わって然《しか》るべきです。

つまり髪型を決めるのは、個人の好みではなく、職業やライフスタイルです。

髪型は、服に合わせるべきだと私が考える理由がここにあります。

▼髪が長い人は、大抵ズボラ

髪型ばかり気にして、仕事ができない人もいます。そういう人は、どんなに服装で取り繕っても意味がありません。中身がないことが必ずバレます。逆に能力があるのに、服装で損をしている人もいます。同じように、髪型で損をしている人もいるはずです。

本当に仕事ができる人は、服装も髪型もきちんとしているものです。まわりを見まわしていただければ、すぐにわかると思います。そういう頼もしい上司や同僚が必ずいるはずです。

とはいえ中高生のように、毎朝、鏡の前で三十分も髪型を整えているのは大人の男性としていただけません。髪型を気にするあまり、早急な行動がとれないのも男としての沽券《こけん》にかかわりかねません。グルーミングは短時間で済むよう、常に髪を整えておくのが、大人の男としてのマナーだと思います。

もちろん若い頃に髪型を頑張ることは、悪いことではありません。むしろ自分の髪質を知り、スタイリングの基本を正しく覚えるためにも必要な時間だと思います。若い頃から髪に無頓着な人は、大人になっても無頓着なままという人が少なくないですから。

髪に無頓着な人は、服もどこかイマイチで、せっかくいいブランドの服を着ていても、フィッティングが合っていなかったり、スタイリングがもうひとつだったりします。

特に男性でも女性でも、髪に気遣いができない人は、服装にも気遣えない人が多いように思います。

デスクの引き出しや、自分のバッグの中を整理整頓できていなかったり、部屋が片付けられない人に髪が長い人が多いのも、どこか共通するように思うのです。

リモートワークでも服装や「髪」には手を抜かない

NG 在宅勤務は自宅に籠もるだけと考える

新しい生活様式の実践から、最近はリモートワークが推進されています。毎朝のテレビカンファレンスに、起き抜けのボサボサの寝癖アタマで出席するようでは、評価もさがります。リモートだからこそ、服装も髪型も手を抜いてはいけません。

一般的なリモートワークは、自室あるいは、自宅リビングやダイニングから参加することが多いと思いますが、意外に多いのは、窓を背にして出席している方です。後ろが明るいところは、逆光になるので顔が暗く映り、印象があまりよくないのです。

テレカンは、正面から光を受ける場所を選ぶことが大切です。そのほうが表情も明るく、健康的に見えます。

高台の自宅や、タワーマンションの上階を自慢する意図はないのかもしれませんが、眺めのよい窓を背にすることは、絶対に避けたほうがいいでしょう。

これはＰＣやスマホのカメラの特徴なのかもしれませんが、画角が決して広くないので、背景にステキな景色を選んでも、ほかの会議参加者にはあまり効果がないように思います。

素敵な景色は自分がそこを気に入っているだけのこと。相手に与える印象は画面に映っている顔が暗いことのほうが強く、背景はあまり入ってきません。ステキな背景は、自己満足に陥っているだけなことが多い気がします。

これでは、服に合わなくても、自分好みの髪型にしているのと同じではないでしょうか。

▼リモートワークは自宅勤務にこだわらない

ビジネスは相手があってのことですから、相手がいるテレカンの際はとくに配慮が必要です。

こちらは自宅でも、相手が会社の会議室からならば、相応の服装が必要です。

クルーネックのTシャツで参加するわけにはいきません。

周囲の騒音が入りこむことは避けるべきですが、家の中に固執する必要はありません。バルコニーやポーチに移動してもいいし、マンションならラウンジやロビーなどからオンラインに接続してもいいでしょう。

相手には首から上しか見えないからと、ワイシャツだけ着て下は部屋着という失態を避ける意味でも、自宅にこだわる必要はないのです。

むしろビジネスカジュアルで外出して、三密のない明るいカフェやオープンテラスから参加してはどうでしょう。

朝から自宅に籠もって真面目に仕事していたとしても、ラフな部屋着のボサボサ頭では、なんだか冴えないイメージです。

それよりも、気持ちよく仕事ができるカフェを見つけたとか、別件の途中で立ち寄った場所からリモートしているというビジネスマンのほうが、アクティブで好印象をもってもらえるのではないでしょうか。

外出するのですから髪型はきちんと整えるでしょうし、服装もきちんとしているはずです。見えないからと手を抜きがちな自宅でのリモートワークより、仕事に向かう姿勢も変わるし、気分だって揚がります。

これからの時代は、自宅以外にリモートワークができる場を見つけておくのも、仕事ができる男の基本ではないでしょうか。

NG 白髪紳士でロマンスグレーを気取る

髪が与える印象の大きさを正しく理解する

対面でもリモートでも、髪が仕事相手に与える印象は服と同じぐらい大きいものであることはご理解いただけたでしょうか。

相手のために服を選ぶように、髪型を相手に合わせることは、結果を出すための手段と心得ましょう。今の時代、相手のSNSをチェックするなどして、事前に情報をつかむことは容易です。相手のドレスコードに合わせることを、常に心がけるべきなのです。

自分勝手な個性の演出や、快適でいたいだけのカジュアルな服や髪型は、相手の信頼を勝ち得る手段にはなりません。

年齢とともに増える白髪に、貫禄《かんろく》が出てきたなどと思わないほうがいいのです。白髪は、マメに黒く染めたほうがいいでしょう。

威厳と貫禄ある相談役でもないかぎり、老け見えすることが、いい方向に働くことはないからです。ビジネスマンは常に若々しくアクティブなほうが、誰からもモテるし信頼もされます。黒髪のほうが絶対的に高く評価されるはずです。

美容室、美容師の探し方

NG 行きつけの美容室は一軒と決めている

長年通っている美容室や、担当してもらっている美容師さんがいるなら、あえて変える必要はないと思います。しかし、気分を変えたいとか、新しい髪型に挑戦したいなら、新しい美容室を見つけるのもいいでしょう。

新しく美容室を見つけるのなら、選び方の基準は「通いやすさ」にしたほうがいいと思います。

友人から紹介されたり、雑誌などに出ているお店を予約してわざわざ行く人もいますが、通いにくいところだと、面倒くさくなってしだいに足が遠のきます。その結果、髪を切るタイミングを逃してしまいますし、最悪一カ月以上も髪が切れないという事態にもなりかねません。

通いやすさを最優先に考えると、自宅の近くに見つけるのがいちばんですが、仕事の帰りに立ち寄れるとか、外出する際に必ず使う最寄り駅や乗り換えターミナル駅で見つけるのがなにかと便利です。人が集まる場所には必ず人気の美容室があるはずです。仕事帰りに立ち寄れるよう、夜遅くまで営業している美容室も少なくないはずです。

美容師さんを指名するなら、店長もしくはそれに準じる方がいいでしょう。若い人なら、自分と同じ年齢ぐらいの若い美容師さんを指名したいと思うかもしれませんが、お店を変わったり、独立して他所《よそ》へ移ってしまうと、通いにくくなりますから。

▼新しい美容室は最低三回通う

どんなに人気の美容室やセンスのいい美容師さんでも、最初から思い通りの髪型になるとは思わないほうがいいでしょう。美容師さんとは長く付き合って、理想の髪型に近づけていくべきです。

たとえば良質なオーダースーツは、採寸し、仮縫いをしてから各部を微調整して完成させます。どんなに腕のいい職人でも、一発で確実なフィッティングを得ることは不可能に近く、ましてや仮縫いなしで完成させたスーツのフィッティングは、既製品と大差ないと考えたほうがいいでしょう。

髪型も同じです。休みの日に初めて訪れた美容室で「前髪はこのぐらい、トップとサイドはこのぐらいで」と伝えたところで、プライベートな休日のカジュアルスタイルに見合った髪型にされるだけで、平日に会社に行くスタイルに見合った髪型にはなりません。それなら平日、終業後に仕事着のまま髪を切りに行ったほうが、ビジネススタイルにふさわしい髪型にしてくれます。ただし、それでは休日スタイルの髪型にはなりません。

ビジネスにもプライベートにもふさわしい髪型は、美容師さんにその両方のスタイルを理解してもらったうえでつくってもらわなければなりません。だからこそ、平日、休日、そして「仮縫いの再調整」をすべく最低三回は、通うべきなのです。たとえば「平日はスーツにネクタイ姿、休日は趣味でバンドをやっている」なら、オフィスにもステージにも似合う髪型を一緒に考えてくれるはずです。「スーツに合うようにサイドから襟足は短く刈り込んで、ときにはアレンジできるようにトップは長めにしておきましょう」といったように。

よく、美容室で「話しかけられるのが嫌だ」という方がいますが、仕事熱心で真面目な美容師ほど、お客さんに話しかけるものです。お客さんの情報を少しでも聞き出して髪型づくりに活かしたいと考えるからです。

もちろん質問攻めにするのではなく、自然とたわいもない会話から聞き出せる美容師が、よい美容師なのですが、客の方も自分のスタイルをわかってもらえるように、詳細に話をしてあげるべきだと思います。

▼目的があって通う美容室があってもいい

通いやすい場所でなくても、「どうしてもこの美容室の、この美容師さんにカットしてもらいたい」という場合もあるでしょう。もちろん、その場合は、心置きなく出かけてください。行きつけの美容室と、たまに行く美容室と、何軒か使い分ければいいのです。

服だって、いつも同じ店で買うわけではありません。行きつけの店が何軒かあるように、髪を切る美容室も何軒かあっていいのです。

通いたいと思う美容室には、さまざまな理由があると思います。気分転換のために出かけたい東京・青山の有名美容室や、恋人ができると評判の美容室、雑誌に載っていて気になった美容室で切ってもらいたいと思うのはいいことです。

美容室は「伸びた髪を切る」だけが目的じゃなくてもいいのです。

私と同じ美容室に通う某輸入車ディーラーの営業マンがいました。私がそこのクルマを買ったときから私の担当で、なにかのときに行きつけの美容室を話したのだと思いますが、彼もその店に通うようになっていたのです。

美容室は有名店ではありましたが、彼の自宅から近くはないし、通勤途中にあるわけでもありません。それなのに、彼はその美容室に頻繁に通って髪型を整えていました。担当の美容師は違いましたが、ときどき店で一緒になることもあり、そんなときはバカ話で盛り上がったりもしました。「こんどは飯でも！」と言いつつ、なかなか実現しなかったのですが、「美容室が同じ」という共通意識から仲も深まり、彼の担当でクルマを三台乗り換えました。

後からわかったことですが、彼は私が髪を切る予約を入れた日にスケジュールが合えば、美容室に通うようにしていたのです。髪を切りながら営業するわけではありませんでしたが、私との仲を深めるために、わざわざ通っていたのです。

そのことがわかったとき、嫌な気持ちは微塵《みじん》もありませんでした。むしろ営業マンとしての彼のスキルの高さに感心しました。

気になる女性がいるバーに、偶然を装って同じところに通ったりするのとは違い、顧客との距離を縮めるために同じ美容室に通うというのは、なかなかできることではないでしょう。しかし彼はそれを実践することで、確実に数字を上げることができていました。

今は違うクルマに乗り換えてしまったのですが、いつかまたあのクルマに乗りたいと思ったら、私は迷わず彼に連絡をすると思います。

失敗しないオーダー方法

NG 雑誌の切り抜きを持っていく

私の通う美容室には、ときどき「戸賀さんと同じ髪型にしてください」とオーダーする人がいらっしゃるそうです。それはうれしいのですが、髪型のオーダー方法としては正しくないと思います。

もし私と同じ髪型をオーダーするなら、私と同じ職業とライフスタイルで、顔の形も似ている人でなければならないのです。そんな方がいればそれはそれで、お会いしてみたいとも思いますが。

髪型を決めるのは、第一に職業、第二に顔型です。趣味やライフスタイル、普段のカジュアルなスタイルも髪型を決める要素になります。これらをすべて美容師さんにわかってもらったうえで、どのような髪型にすべきかを相談してカットしてもらうことが大切です。

職業ごとにふさわしい髪型があるのは言うまでもありません。銀行員がバンドマンのような髪型ではいけませんし、ファッション雑誌の編集者が、銀行員風というわけにもいかないでしょう。

今はビジネススタイルも人によってさまざまな時代ですので、オフィスのドレスコードとヘアスタイルの規定が、どこまで許されている職場かによっても決まってくるはずです。

なるべく会社帰りの格好で自分を見てもらったり、ときには休日に行って、ビジネススタイルからカジュアルまでの振り幅を見てもらえれば、美容師さんもどういう髪型がふさわしいかを見極めやすいはずです。

第二の要素となる顔型についてですが、顔型によって似合う髪型は、何百人もの髪をカットしている美容師さんなら必ず熟知しています。

美容師さんに自分の職業を明かし、仕事のときの服装を見てもらい、さらに普段のライフスタイルや趣味まで、なんでも話して、自分のことをわかってもらえれば、有能な美容師さんなら、自身のセンスと技術とを掛け合わせて最良の髪型をつくり出してくれるはずです。

こちらからこうしてほしい、ああしてほしいなどと事細かにオーダーする必要はありません。何度か試行錯誤を繰り返して完成した髪型は、客観的に見ても自分にとって最良の髪型となるはずです。

私が編集長時代から仲良くしている美容師は、私のSNSをすべてチェックしています。今、私がどんな服が好きで、どんな仕事をしているかを理解しているので、いつでも思い通りの髪型に仕上げてくれます。

ときには私から「来週、大事なプレゼンがあるんだよね」などという予定を伝えると、プレゼン相手や進行の具合いを聞き出して「女性の方がお相手なら、少し短めにカットして清潔感をアピールしましょう」とか「イタリア人との会食があるなら、毛先を少し遊んでみましょうか」などと提案してくれるので、とても助かっています。

もし、何度か通って、どうしても髪型が気に入らないのであれば、美容師さんのセンスや技術不足、もしくはあなたに合わないともいえるので、すっぱりあきらめてほかへ行くのもやむをえないでしょう。

▼真似るのは俳優ではなく「役柄」の髪型

雑誌に載っている好きな俳優の写真を切り抜いて、「この人と同じ髪型にしてください」と、オーダーしたことがあるという人もいるかもしれません。

誰かと同じ髪型にするのがナンセンスなのは、前述した私と同じ髪型をオーダーするのと同じですが、ビジネスマンの髪型として参考にしたい人はいます。

それは誰かというと、服の章でも書きましたが、やはりテレビ局のアナウンサーです。局アナは伝えたい内容に視聴者を引きつけるため、自分に目がいくような髪型をすることはありません。誰にでも受け入れられて不快感を与えることのないうえに、流行など時代感もほんのり取り入れているはずです。彼らの髪型は、ビジネスマンの髪型としてひとつの指標となります。

また俳優の場合、素の本人の髪型ではなく、彼が演じる劇中の役柄の髪型を参考にするのがいいでしょう。役柄の髪型は、監督やヘアメイクと話し合って「こうあるべき」が具現化されたものになっているはずです。

髪を切るのは二週間に一回

NG 伸びた髪がうっとうしくなったら切りに行く

「予約の取れないカリスマ美容師」に切ってもらいたいとか、「切ると彼女ができる美容室」は、料金はかなり高額です。もちろんご利益を期待して行くのはいいのですが、一万円の美容室に月一回行くなら、五千円の美容室に月二回通ったほうがいいと私は思います。

断っておきたいのは、イメージチェンジを図るとき以外、髪は「伸びてきたから切る」ではなく「同じ髪型をキープする」ことのほうが大切で、そのために二週間に一度のペースが望ましいとされています。むしろ、いつ髪を切ったのか、わからないぐらいのほうがいいでしょう。

役職に付いている方ならなおのこと、いつもこざっぱりとした髪型と服装の上司がいると、オフィスに安定感と整然とした秩序が生まれます。

スタイリング剤の選び方、使い方

NG 高級ブランドのスタイリング剤にこだわる

誰しも中高生の頃は、毎朝鏡の前で遅刻するまで髪をいじっていたことでしょう。私も同じです。

大人になると、さすがに仕事に遅れるわけにはいかないので、短時間でサッとまとめて出かけられるようになりましたが、いい大人が鏡の前でいつまでも髪をいじっているのは、決して印象がいいものではありません。

髪を気にしすぎる人は、ナルシストっぽく映るもので、必ずそれが外出時にも立ち居振る舞いに出ます。

トイレの鏡の前で何度も髪型を直したり、ショーウィンドーに映った自分の髪型を気にしたり。まわりから見て、あまり印象はよくないものです。

▼スタイリング剤は、簡単に洗い流せるものを

ホールド力があって、思い通りにキマるスタイリング剤を探して、いくつも試してみた結果、コンビニでも買える某有名メーカーのワックスに落ち着きました。

なぜ、このワックスが気に入ったかというと、ホールド力もさることながら「洗い落としやすい」ことがいちばんの理由です。髪を洗う際、二度洗いは、確実に髪の毛が抜ける量が増えます。シャンプーで簡単に落とせるスタイリング剤なら、髪にも地肌にもやさしいでしょう。

男性にはシャンプーだけで、リンスやコンディショナーを使わない人も少なくないようですが、私はしっかりコンディショナーまで使います。それは髪に芯から栄養を与え、キューティクルを整え、黒々とした艶を保つためです。

髪の艶はバランスよい生活をしていることの証しであり、健康的な生活を送っていることを雄弁に語ります。

そしてその艶はオーラとなって、その人自身を引き立てます。

白髪は染めたほうがいいと前述しましたが、黒々とした艶はオーラとなっていい服のように人を引き立てるのですから、白髪は避けるほうが絶対にいいのです。とくに男性は若々しく、アクティブに見えるほうが仕事でも遊びでも断然余裕を感じさせます。

薄毛と白髪の枯れたナイスミドルは、七十歳を過ぎてから、余生を楽しむときまでとっておきましょう。

実は戸賀家は代々伝わる薄毛の家系で、若くして亡くなった父親も、年に数回会う弟も、立派な薄毛族です。

ＡＧＡ（男性型脱毛症）治療はしていませんが、私も定期的にヘアクリニックでマッサージなどの頭皮ケアを怠りません。スタイリング剤も、使いやすく、洗い流しやすいものを使うことで、髪にダメージを与えないよう気遣っています。使う量にも気を遣います。付けすぎは禁物です。髪にも頭皮にもよくないですし、それに女性はスタイリング剤でベタベタの男性の髪を嫌います。スタイリング剤は、少量で効果があって洗い流しやすいものを見つけてください。案外、すぐ近くにあるはずです。

NG イタリアオヤジを目指してオシャレハゲを気取る

日本人でハゲが似合うのは竹中直人さんだけ

何度も言うのは本意ではないのですが、戸賀家は曽祖父の代から薄毛の家系です。母方も親戚筋は薄毛が多く、私はいわば薄毛のサラブレッド。

だから人一倍、髪の毛を大切にしています。定期的なヘアクリニックと毎日のケアが功を奏してか、今の髪に不安はありません。

外国人の友人には、髪の毛が薄い人も坊主アタマの人もいます。雑誌のイタリアスナップなどでご覧になったことがあると思いますが、彼らはとてもオシャレだし、クールでカッコいいんです。

こっそり通訳の女性に聞いてみたのですが、イタリアの女性は、髪の薄い男性でも魅力を感じるといいます。

でも日本人の薄毛は、そうはいきません。あきらかに格が落ちます。薄毛の方は、今すぐケアを始めたほうがいい。

日本人男性は、髪の毛を死守することに全力を注ぐべきです。

断言します。日本人で薄毛がカッコいいのは竹中直人さんだけである、と。

おわりに

最後までお読みいただき、ありがとうございました。

いかがでしたか?

本書の内容に多少なりとも共感いただけたのなら、あなたがいつも着ている服を変えてみましょう。

まずは、ひとつでもかまいません。

体にフィットしたシャツを新調する。鞄や財布などのアイテムを買い換える。あるいは、シューズブラシを買って靴を磨いてみることから始めてもかまいません。できるところから変えてみる。

カッコよく見えるものを身につけると、外見が改善され、まわりの見る目が変わるだけでなく、あなたの心も変わります。

体にフィットしたスーツやシャツを身にまとえば、気が引き締まり、みるみる自信とパワーがわいてきます。そうした心の変化は、相手に与える印象をよくしますし、まわりまわって、さらに仕事の成果にもつながります。

私は仕事柄、フォーマルなパーティーに招待され、タキシードを着る機会があります。普段、服装には気を遣っている私ですら、タキシードを身にまとうと、特別な感覚を覚えます。

タキシードのようなグレードの高い服を着ると自然と身が引き締まり、テンションが上がります。また、タキシードを着ていくような場を与えられた自分を誇らしく思います。最強の「武器」を手に入れた、そんな感覚です。パーティーの会場に行っても、自信をもって振る舞うことができます。

私の例は少々極端かもしれませんが、いい服を身につけることは、それくらい絶大なパワーをもっています。

服は、着る人の心を一瞬で変え、あなたがもっている能力や魅力を引き出してくれるといっても過言ではありません。

読者のみなさんにも、ぜひ本書で紹介した内容をひとつでも取り入れ、自信を手に入れてほしい。私は心からそう願っています。

本書では、「ビジネスで結果を出せる男は服を選ぶ」という趣旨の下、ビジネスにおける服装の重要性について述べてきましたが、私が身を置くファッション業界ですら、実は、きちんとした身なりをしている人は、それほど多くありません。ビジネスでとても大切な第一印象が、なおざりにされているのが現実です。

本書を執筆しながら、私自身、服がもつ効力を再確認するとともに、原点を見つめ直す絶好の機会になりました。

服は、単なるオシャレアイテムではない。

ビジネスパーソンの仕事の成果を変え、人生そのものを変える力をもっている。

そんな服装のもつ可能性について再認識させられました。

このようなすばらしい機会を与えてくださった集英社の東本さん、関係者のみなさま、読者のみなさまに心からお礼を申し上げます。

戸賀敬城

解説――「ファン」と「アンチ」は、両方いてこそ本物だ

中村達也

ビームスＦの旗艦店や、ビームスのオフィスがある原宿という街は移り変わりの激しい街で、ファッションでもグルメでも、一気に流行《はや》って一気に廃れていくものがあります。

タピオカなどはその良い例で、あれほど行列していたのに、いまでは並ばず買えるし、この間まであった店が、もう無かったりは日常茶飯事。

みんなが大賛成して、一斉に盛り上げるようなものは、終わるまでのスピードが早いように思います。逆に、すごくいい！　という人と、これどうなの？　という人が、両方いるもののほうが長く続いています。

だから僕自身も、誰もが「良い」というものには疑問を持つようにしています。少し批判的な声が聞こえてくるもののほうが健全に思えるからです。

戸賀さんにはファンもいますが、アンチもいます。だからこそ、本物だと思うんです。

自ら誌面に登場して、モデルのように最新のコレクションを纏《まと》い、私物を紹介する編集長は、それまでのファッション誌にはいませんでした。

いまどこの企業もやっきになっているWEBマーケティングやSNSに注目したのも早かった。

派手なスポーツカーに乗って、夜な夜な街に繰り出す毎日をブログやSNSで発信。ファッション誌の編集者って、こんなに華やかなんだぜってことをアピールしたのも彼が初めてだったのではないでしょうか。

雑誌の裏側を明かしたり、誌面に掲載できなかった商品を紹介するのも、それまでの出版業界には見られない手法でした。

メンズ誌ではページ数が少なかったコスメに力を入れたり、TVで取り上げられたり、映画にも出演。そうして多くのファンを獲得していったのです。

変化することを恐れ、守ることに固執しがちなのは、古い業界ならどこにもあることと思いますが、彼は確かに改革を成し遂げました。「変わる」という決意を曲げずに邁進《まいしん》した結果、誰もが認めざるを得ない数字を残しました。

そこに少なからぬアンチの声があったのは事実です。創刊から六十年を超える老舗の暖簾《のれん》を、一気にガラリと変えてしまったことでファッションと出版、両方の業界の重鎮や急激な変化を嫌う人たちから、猛反発を受けたようです。

しかし私は、低迷していた雑誌という事業をV字回復させたという紛れもない事実は、誰もが認めるべきと考えます。彼は紛れもなくビジネスの勝者です。


アジアの映画スターのような顔立ちと背丈。ファッション誌の編集部には、あまりいないタイプです。

新入社員の頃は、入社式にポルシェで乗り付けたとか、そのナンバーが「911」だったとか、編集部で誰よりも早く携帯電話を持っていたとか、嘘《うそ》かホントか、いろんな逸話をお持ちです。

戸賀さんは「ファッショニスタ」と呼ばれることを、極端に嫌っているそうです。最新のトレンドではないスタイルを好むのか、自分が編集長を務めていた誌面と、実際のスタイルは違うことも、よくありました。

上の世代の人たちは、クラシックスタイルを論じるときに、六十年代アイビーからクラシコ・イタリアへの文脈で話をするのですが、彼はそこに足を踏み入れず、一貫してトレンドとは一線を引いているようにも思います。

週に五日の会食は、三ヶ月先まで店の予約を入れておき、誰と食事をするかは当日までに決めるそうです。

髪の毛が薄くなるのを気にして、早くからヘアケアやコスメに注目したり、太りやすい体質なのに外食ばかりするので、しっかりジムにも通っています。

ここだけの話、ホントは飛行機がキライらしいのです。ヨーロッパまで十二時間、酒を飲むぐらいしかすることのない機内で、何もせず座っていなくてはならないのが辛《つら》いのだそう。

海外から帰国したら、次の日ぐらいはゆっくり休みたいものですが、彼は帰国したその日の夜に予定を入れています。飛行機が遅れたりすると、大変なことになったりすることも。

スケジュール帳が白いと不安になるタイプなのでしょう。動いていないと死んでしまう、マグロのような人なのです。

そんな生活を、もう十年以上続けているのです。私には、ちょっとマネできません。

いつも部下の編集者がやってくるので、じつは私自身が直接、仕事で彼と絡んだことは、ほとんどありません。

広告代理店の方を交えて食事をしたことは何度かありますが、いつの間にか共通の友人を囲んで飲むようになりました。独立してからも、彼の仕事の上では何のメリットもないのに、相変わらず誘ってくれます。

食事の席では服の話は、ほとんどしたことがありません。昔話とクルマと女の子の話ばかりしている。それでも酔って管を巻くとか、だらしなく酔いつぶれたりしない、きれいな飲み方をします。

付かず離れず、親密ではないけれど、疎遠なわけでもない。いつも大抵、彼のバカ話に私が突っ込みを入れるという関係は、仕事仲間には見えないのではないでしょうか。先輩、後輩？　ボケとツッコミ？　傍《はた》から見たらどう映っているのでしょうね。

彼に面と向かって反対意見を言う人や、ダメ出しする人はいないのではないでしょうか。それは彼が実績あるビジネスマンである証拠かも知れません。

でも僕は、はっきりと言います。「ホントはそう思ってないでしょ」と。

『MEN'S CLUB』編集長に就任してからは、弊社のプレス向け内覧会にも足を運んでくれるようになりましたが、本当は興味ないんだろうなとか、こういう服、彼は着ないだろうなと思うことはよくあります。

「本当はうちの服に興味ないでしょ」と面と向かって言うと、青ざめてアタフタしているけれど、それでも次の内覧会に来てくれます。

彼好みじゃないブランドのトークショーに仕事で呼ばれていたときも、直接メールをしました。

「ホントは、そのブランド着たことないでしょ」って。

誌面に出ている彼の写真について、彼の部下にメールをしたことも。「パンツの裾、長過ぎるよ」って。

飲みの席でも、ダメ出しします。「服より時計のほうが好きなんでしょ」「クルマのほうが好きでしょ」「イタリアンより焼き鳥行きたかったでしょ」って。

遠慮しているのか、持ち上げたいだけなのか、誰も彼にそういうことを言わないから、僕みたいに反対意見を言ってくれる人間は彼にとって貴重みたいです。

それを聞きたくて、誘ってくれているのかも知れません。

動画をやればいいのにとも言っているのですが、「どこへ行っても指差されるから」と言って嫌がります。

それでもときどき頼まれて、嫌と言えずに出演している。ああ見えて、義理堅いところがあるんです。

それを指摘すると、しきりに「やめてください」と小さくなって、「大したことないです」なんて謙遜もします。

それでも結局は、結果を出している。彼が紹介すると即完売するのです。実績はあちらこちらから耳に入ってきます。

服も時計もクルマの趣味も全部、好みが違うし、親しいのか親しくないのかもわからないけれど、ひとつだけ言えるのは、彼に突っ込めるのは僕ぐらいということ。

これからも僕は違うと思ったらはっきり言うし、それでも彼らしくブレずに邁進してくれると思うから、陰ながら応援もしています。

まったくもってベクトルが違うのに、こうやって付き合っていられるのは、共にファッションという世界で勇往邁進してきたという信念があるからかもしれません。ヴォルテールの言葉を借りれば、彼と意見は違うけれど、彼が意見を言う場所は命を掛けて守りたい。

僕自身もよくわからないんです、戸賀敬城のファンなのか、アンチなのか。多分、ファンでもあり、アンチでもあるのかもしれません。

（なかむら・たつや　ビームス　クリエイティブディレクター）

本書は、二〇一四年九月、ＫＡＤＯＫＡＷＡより刊行されました。
文庫化にあたり、内容を一部修正し、書き下ろしの「『髪』で印象は八割変わる！」を加えました。

本文デザイン・イラスト／高橋健二（テラエンジン）

集英社文庫　目録（日本文学）

藤堂志津子　昔の恋人
藤堂志津子　秋の猫
藤堂志津子　夜のかけら
藤堂志津子　アカシア香る
藤堂志津子　桜ハウス
藤堂志津子　われら冷たき闇に
藤堂志津子　夫の火遊び
藤堂志津子　ほろにがいカラダ　桜ハウス
藤堂志津子　きままな娘　わがままな母
藤堂志津子　ある女のプロフィール
藤堂志津子　娘と嫁と孫とわたし
堂場瞬一　8年
堂場瞬一　少年の輝く海
堂場瞬一　いつか白球は海へ
堂場瞬一　検証捜査
堂場瞬一　複合捜査

堂場瞬一　解
堂場瞬一　共犯捜査
堂場瞬一　警察《サツ》回りの夏
堂場瞬一　オトコの一理
堂場瞬一　時限捜査
堂場瞬一　グレイ
堂場瞬一　蛮政の秋
堂場瞬一　凍結捜査
堂場瞬一　社長室の冬
童門冬二　全一冊　小説　上杉鷹山
童門冬二　明日は維新だ
童門冬二　全一冊　小説　直江兼続《なおえかねつぐ》　北の王国
童門冬二　全一冊　小説　蒲生氏郷《がもううじさと》
童門冬二　全一冊　小説　新撰組
童門冬二　全一冊　小説　伊藤博文　幕末青春児
童門冬二　異聞　おくのほそ道

童門冬二　全一冊　小説　立花宗茂
童門冬二　全一冊　小説　吉田松陰
童門冬二　上杉鷹山の師　細井平洲
童門冬二　巨勢入道河童　平清盛
童門冬二　小説　田中久重　明治維新を動かした天才技術者
童門冬二　大岡忠相　江戸の改革力　吉宗とその時代
童門冬二　渋沢栄一　人間の礎
戸賀敬城　結果を出す男はなぜ「服」にこだわるのか？
十倉和美　犬とあなたの物語　犬の名前
豊島ミホ　夜の朝顔
豊島ミホ　東京・地震・たんぽぽ
戸田奈津子　スターと私の映会話！
戸田奈津子　字幕の花園
冨森駿　宅飲み探偵のかごんま交友録
友井羊　スイーツレシピで謎解きを　推理が言えない少女と保健室の眠り姫
伴野朗　三国志　孔明死せず

集英社文庫

結果《けっか》を出《だ》す男《おとこ》はなぜ「服《ふく》」にこだわるのか？

2020年8月25日　第1刷　　定価はカバーに表示してあります。

著　者　戸賀敬城《とがひろくに》

発行者　徳永　真

発行所　株式会社　集英社
東京都千代田区一ツ橋2-5-10　〒101-8050
電話　【編集部】03-3230-6095
【読者係】03-3230-6080
【販売部】03-3230-6393(書店専用)

印　刷　大日本印刷株式会社

製　本　ナショナル製本協同組合

フォーマットデザイン　アリヤマデザインストア　　マークデザイン　居山浩二

本書の一部あるいは全部を無断で複写複製することは、法律で認められた場合を除き、著作権の侵害となります。また、業者など、読者本人以外による本書のデジタル化は、いかなる場合でも一切認められませんのでご注意下さい。

造本には十分注意しておりますが、乱丁・落丁(本のページ順序の間違いや抜け落ち)の場合はお取り替え致します。ご購入先を明記のうえ集英社読者係宛にお送り下さい。送料は小社で負担致します。但し、古書店で購入されたものについてはお取り替え出来ません。

© Hirokuni Toga 2020　Printed in Japan
ISBN978-4-08-744145-1 C0195